죽을 때까지
책읽기

SHINUHODO DOKUSYO

Copyright ⓒ 2017 by Uichiro Niwa
Original Japanese edition published by Gentosha Inc.
Korean translation copyright ⓒ 2018 by SOSO BOOKS
Korean translation rights arranged with Gentosha Inc.
through The English Agency(Japan) Ltd. and Danny Hong Agency

이 책의 한국어판 저작권은 대니홍 에이전시를 통한
저작권사와의 독점 계약으로 (주)소소에 있습니다.
저작권법에 의해 한국 내에서 보호를 받는 저작물이므로
무단전재와 무단복제를 금합니다.

죽을 때까지 책읽기

니와 우이치로 지음
이영미 옮김

즐거운
인생을 위한,
살아 있는
독서의 기술

서문

얼마 전 신문에 실린 어느 독자의 투고를 읽고 나는 무척 놀랐습니다. 스물한 살 남자 대학생이 쓴 글인데, '책을 안 읽으면 안 되나?'라는 질문을 던진 내용이었습니다.

책을 안 읽으면 안 되나?

「독서 시간 '0분'인 대학생 50퍼센트」(2월 24일자 조간신문)라는 기사에 대한 염려와 의문의 목소리가 높아지고 있다. 물론 책을 읽는 이유로는 교양을 쌓고, 새로운 가치관을 접하는 기회로 삼을 수 있다는 점 등을 들 수 있다. 그러나 그렇다고 해서 책을 안 읽는 건 나쁘다고 말할 수 있을까.

나는 고등학생 때까지 책을 전혀 읽지 않았다. 그래서 곤란했던 적은 없다. 굳이 찾자면, 글 읽는 속도가 느려서 대학입학시험 때 고생한 정도다.

대학에서는 교육학을 전공해서 교육이나 사회 일반에 관한 서적을 폭넓게 읽게 되었다. 그렇지만 책읽기가 삶의 양식이 된다고 느낀 적은 없다. 도움이 될지는 모르지만, 읽지 않아도 살아가는 데 별다른 문제는 없을 것 같다. 그것이 솔직한 심정이다. 나는 책을 읽는 것보다 아르바이트나 대학 공부가 더 필요하다고 느낀다.

책읽기는 악기나 스포츠처럼 취미의 범주에 포함되니, 읽든 안 읽든 딱히 상관없지 않을까. 그것이 왜 문제시되는 걸까. 만약 책을 꼭 읽어야 하는 확고한 이유가 있다면, 알려주었으면 좋겠다.

_아사히 신문, 2017년 3월 8일자

'책을 안 읽으면 안 되나?'

이런 의문을 갖는다는 것 자체가 나로서는 믿기 어려웠기 때문입니다. '독서의 의의는 굳이 찾거나 설명하지 않아도 당연히 아는 것이다. 그것은 상식 이전의 상식이며, 공기를 마시는 것처럼 자연스러운 일이다.' 적어도 나는 그런 인식을 갖고 있던 터라 놀랄 수밖에 없었습니다.

최근에 '1일 독서 시간이 0분인 대학생이 약 50퍼센트로 높아졌다'는 조사 결과가 보고되었고, 그에 대한 염려의 목소리가 여기저기서 일고 있습니다. 투고를 한 대학생은 그런 염려에 '이의'를 제기한 것입니다.

그 대학생은 '책읽기가 삶의 양식이 된다고 느낀 적은 없다. 책읽기는 스포츠처럼 취미의 범주에 포함되며, 나에게는 아르바이트나 대학 공부가 더 필요하다'고 썼습니다.

만약 그가 나에게 직접 그런 질문을 던졌다면, 나는 이렇게 대답했을 겁니다.

"책을 읽든 안 읽든 그건 자네의 자유니 안 읽어도 상관없네."

대관절 누가 그 학생에게 책을 읽으라고 강요하겠습니까.

책을 안 읽는 건 본인의 자유입니다. 책을 읽지 않는 젊은이가 늘어났다고 한탄하는 어른들의 목소리쯤이야 무시하고, 자기가 가치를 느끼는 아르바이트나 공부에 하루하루 매진하면 그만입니다.

그러나 책읽기의 즐거움을 아는 사람은 충분히 실감합니다. 책읽기가 우리에게 얼마나 많은 것을 가져다주는지. 생각하는 힘, 상상하는 힘, 느끼는 힘, 무궁무진한 지식과 지혜…… 책읽기는 그 사람의 지적 호기심은 물론이고 '살아가는 힘'을 키워줍니다. 나름대로 책을 읽으며 살아가는 사람에게 책이 한 권도 없는 인생은 상상조차 불가능할 겁니다.

　책은 안 읽어도 된다……. 독서의 필요성을 어떻게 받아들이든, 그것은 개개인의 자유입니다. 그러나 그렇게 생각하는 사람은 자신이 알아채지 못하는 부분에서 매우 중요한 것들을 잃고 있을지도 모릅니다.

　정치에서나 경제에서나 문화에서나 각 분야에 종사하는 사람들의 말이 무척 가벼워졌습니다. 차분히 통찰하고, 깊이 사고한 뒤에 입 밖으로 뱉은 말을 접할 기회가 예전보다 훨씬 줄어든 느낌입니다.

　이는 현대인의 독서 시간이 극단적으로 줄어든 현상과 결코 무관하지 않다고 생각합니다.

　예의 그 대학생의 투고가 사회적으로 큰 반향을 불러일으켰는지, 그 기사에 대한 다양한 입장은 물론이고 다양한 연령층의 독자들이 보낸 의견과 감상이 신문에 게재되었습니다.

　그중에는 대학생의 의견에 동감하는 중학생이 보낸 글도 실렸습니다. 그것은 '독서는 시험에 도움이 되지 않는다. 도움이 될지 안 될지도 모르는 비효율적인 것에 시간을 할애할 필요는 없다'는 내용이었습니다.

　현대사회에서 지배적인, 어떤 가치관을 이 글에서 읽어내기는

어렵지 않습니다. 그러나 그런 가치관에 물들어버린 배경을 캐보면, 독서로 배양되는 '자기 머리로 생각하는 힘'이 쇠퇴한 결과가 큰 영향을 미치지 않았을까요?

신문에 투고했던 대학생이나 중학생은 절대 특수한 사람이 아닐 겁니다. 모르긴 해도 똑같은 생각이나 감각을 가진 사람이 상당히 늘어난 게 틀림없습니다. 따라서 이것은 교육이라는 수준의 영역까지 확대되는 심각한 문제입니다.

'책은 도움이 되지 않으니 읽을 필요가 없다.'

그런 생각을 가진 사람이 적지 않게 나타난 까닭은 어릴 때부터 놀이도 공부도 학습도 부모나 주위 사람이 좋다며 제공해주는 환경에서만 성장한 사람이 많은 현실을 증명해주는 결과입니다.

다른 사람이 부여한 환경에서만 살아가다 보면, '자기 머리'로 생각할 수 없게 됩니다. 자립적인 사고가 불가능하기 때문에 우연히 자기에게 주어진 좁은 세계 속에서만 문제를 해결해버립니다. 독서는 안 해도 된다는 사람들의 배경에는 그런 요인들이 있을 것으로 추측됩니다.

타자가 부여한 좁은 세계 속에서 무슨 일이든 당장 실리적인 결과만 추구합니다. 그런 삶의 자세는 새삼 거론할 필요도 없이 정신적으로 자유롭지 못합니다. 그런데도 정작 자신은 그것이 부자유스러운 삶이라는 걸 전혀 느끼지 못하고 있다고 생각하면,

몸서리가 쳐질 정도로 자유의 세계로 이끌어주고 싶어집니다.

오랜 세월 동안 인간은 자유라는 가치관을 추구하며 싸워왔습니다. 노력하고, 궁리하고, 발명하며 진보해온 끝에 오늘날같이 자유로운 사회를 맞은 것입니다. 지금은 인류 역사상 일찍이 유례가 없을 정도로 자유의 수준이 높아진 환경이라 해도 과언이 아닐지 모릅니다.

그런데 '뭐든 다 있는' 세계는 언뜻 자유로워 보이지만, 실제로는 자신의 중심축이 없으면 매우 부자유스럽습니다. 그것은 앞으로 나아가기 위한 나침반이나 지도가 없는 것과 마찬가지이기 때문입니다. 그것들이 없으면 한정된 좁은 세계 속에서만 움직일 수 있습니다.

그렇다면, 자신의 중심축을 가지려면 어떻게 해야 할까요?

중심축을 가지려면 진정한 '지知'를 단련하는 수밖에 없습니다. 독서는 분명 그런 힘을 가장 잘 키워주는 방법입니다. 요컨대 독서는 당신을 가짜가 아닌, 진정한 자유의 세계로 이끌어줄 것입니다.

차례

서문 • 005

제1장 책을 대신할 것은 없다

책의 시대가 부활한다 • 017
전문가라고 꼭 신뢰할 수는 없다 • 021
정보의 질을 꿰뚫어본다 • 025
'나는 아무것도 모른다'고 자각한다 • 031
생각하며 읽지 않으면 지식이 되지 않는다 • 034
쓸모없는 독서는 없다 • 036
남이 추천하는 책은 믿을 수 없다 • 041
에로소설이나 만화에서도 배울 게 있다 • 046
무엇이 교양을 높여주는가? • 049
책은 일에 임하는 의식을 바꾼다 • 052
인간만큼 복잡한 존재는 없다 • 055
허세를 위한 독서도 의미는 있다 • 058

제2장 어떤 책을 읽으면 좋을까?

뜻밖의 만남은 늘 즐겁다 • 065
좋은 책을 알아채는 방법 • 068
서평은 얼마나 신뢰할 수 있을까? • 072
노하우 책은 읽지 않는다 • 074

고전의 가치는 무엇인가? • 078
이해할 수 없는 책은 저자에게도 문제가 있다 • 081
관심은 있지만 인연이 없는 책도 있다 • 085
입문서나 해설서가 과연 필요할까? • 088
베스트셀러는 읽을 가치가 있을까? • 091
주간지는 독서의 범주에 들어갈까? • 093

제3장 머리를 쓰는 독서의 효용

'생각하는 힘'은 이렇게 커진다 • 101
'생각하며 읽기'를 의식한 계기 • 104
역사서에서 인간의 본질을 배운다 • 107
소설로 '생각하는 힘'을 키우자 • 111
이론서만으로 싱글 플레이어 • 115
욕망은 어디까지 조절할 수 있을까? • 120
책은 보상이 없다 • 124

제4장 책을 읽지 않는 날은 없다

책을 읽지 않으면 잠이 오지 않는다 • 129
머리에 남는 노트 활용법 • 134
관심이 있으면 속된 책도 철저히 읽는다 • 138
마감을 정하면 집중할 수 있다 • 143
책을 사는 데 돈을 아끼지 마라 • 146
책을 사서 쌓아두지 않는다 • 149
다독과 정독, 어느 쪽이 좋을까? • 151
버거운 책을 읽는 방법 • 153
부족한 감정은 책으로 메운다 • 156

제5장 독서의 진가는 삶에서 드러난다

독서가 일하는 자세를 바로잡아준다 · 161
남의 실패담은 도움이 되지 않는다 · 165
'자서전'은 속지 않도록 주의하며 읽는다 · 170
문제가 사라지는 건 죽는 순간 · 176
특성을 간파하고, 그것을 살려라 · 180
마음에 새겨진 말이 하나라도 있으면 횡재 · 184
독서는 고독한 행위가 아니다 · 187
독서와 품성 · 190
살아 있는 한, 해야 할 일이 있다 · 193

제6장 책의 저력

사고의 서가에 고리를 달자 · 197
행운이 온다는 것은 · 200
슬럼프에 빠지는 사람 · 203
책은 '사람 보는 눈'을 길러준다 · 209
분노와 사귀는 법 · 213
죽음을 어떻게 받아들일 것인가? · 217
독서는 마음을 자유롭게 한다 · 221

맺음말 · 225
옮긴이의 말 · 228

제1장

**책을 대신할
것은 없다**

책의 시대가 부활한다

　인터넷 사회의 융성이 책 시장에 끼친 영향은 적지 않습니다. 책이 예전만큼 팔리지 않게 된 것은 인터넷 보급도 명확한 이유가 됩니다. 그러나 나는 이런 흐름이 계속될 거라고 생각하지 않습니다. 책이 재평가되는 시대가 반드시 올 거라고 예상합니다. 그 키워드는 '신뢰성'입니다.

　지금은 정보 확산력이 높은 인터넷상의 소셜미디어로 말미암아 눈 깜짝할 사이에 전 세계로 정보가 전달되는 시대입니다. 그런데 그 정보에 대한 신뢰도는 낮습니다.

　트럼프가 승리한 지난번의 미국 대통령 선거에서는 온갖 가짜 뉴스가 난무했습니다. 트럼프 진영은 소셜미디어를 이용해 오바마 전 대통령을 폄하하는 유언비어를 잇달아 확산시켰다고 합니다. 개중에는 '로마 교황이 트럼프 지지 성명을 발표했다'는 강렬한 유언비어도 있었습니다. 또한 영국의 유럽연합European Union, EU 탈퇴를 촉진시킨 원인 중 하나가 되었던, 이탈파인 영국 독립당 당수의 의도적인 거짓말(유럽연합에 내는 영국의 분담금이 실제보다 세 배나 높다고 얘기했다)도 인터넷이 뒷받침되었기에 큰 힘을 갖게 된 것입니다.

엉터리 거짓 뉴스나 정보로 세계가 움직인다……. 이런 일들은 인터넷의 앞날에 막대한 장해가 될 수 있습니다. 인터넷 정보는 거짓이나 오류투성이라는 인식이 퍼져나가면, 그것은 많은 사람들에게 불이익을 초래하기 때문에 진지하게 상대할 대상이 아니게 될지 모릅니다.

DeNA(일본 도쿄에 위치한 모바일 및 상업용 웹사이트 관련 회사 - 옮긴이)에서 건강·의료 정보를 담당했던 'WELQ(웰크)'라는 큐레이션 사이트가 다른 사이트를 무단 전용하거나 약사법 위반에 해당되는 정보 기사를 다수 게재했다는 이유로 얼마 전에 문제가 되었습니다.

큐레이션 사이트란 인터넷상의 정보를 모아 독자적인 편집으로 정리해서 새로운 가치를 만들어내는 사이트를 말합니다. 옥석혼효玉石混淆(좋은 것과 나쁜 것이 한데 섞여 있음을 이르는 말이다 - 옮긴이)인 인터넷 정보 중에서 돌을 가려내고 옥만 모아놓은 듯한 인상을 풍기는데다 검색 결과 상위에 뜨기 때문에 인터넷에서는 신뢰도가 높은 것처럼 여겨졌습니다.

그러나 검색 결과 상위에 오르는 이유는 높은 신뢰도가 바탕이 된 게 아니라 SEO 대책(페이지를 최적화하고, 검색엔진 결과로 많이 노출시켜서 글이 잘 발견되도록 조정하는 작업)에 의한 결과일 뿐입니다. 'WELQ' 한 건으로 인해 다른 수많은 큐레이션 사이트에서도 똑같은 오류와 실수가 있다는 사실이 훤히 드러나게 되었습니다.

컴퓨터는 빅 데이터 등 정보를 정리하는 속도 면에서 매우 뛰어나지만, 그 정보의 진위나 질을 판별할 수는 없습니다. 각각의 정보가 어디의 누구 책임하에 발표되었는지 드러나지 않기 때문에 애매모호한 정보로 흘러넘칩니다.

정보의 발신자가 누구인가는 매우 중요한 사안입니다. 예를 들어 '중국 소식통에 따르면……'이라는 말뿐이면 신뢰성이 부족합니다. 중국 정부의 누가 한 말인지, 33개 행정구 중에서 어느 구가 발표했는지 묻게 될 수밖에 없습니다. '도쿄 도都에 따르면……'이라고 할 경우 도지사인지 도쿄 도청 어느 과의 직원인지, 구체적으로 누가 한 말인지가 중요합니다. 정보 신뢰성에 대한 최소한의 담보로 어디의 누가 한 말인지를 모른다면, 믿을 만한 가치가 없는 정보가 되는 것입니다.

그런 점에서 인터넷과 비교할 때 책은 발신자가 누구인지 명확하게 알 수 있습니다. 설령 극단적인 의견일지라도 독자는 저자가 책임감을 갖고 썼다고 안심하며 책을 읽어나갈 수 있습니다. 필자의 이름이 명확하게 들어간다는 것은 앞으로의 시대에 강점이 되지 않을까요.

지금까지 인터넷은 밝은 면에만 스포트라이트를 비춰왔지만, 앞으로는 신뢰성 결여라는 어두운 면이 여러 가지 문제를 동반하며 클로즈업될 거라 예상합니다. 인터넷의 그런 어두운 면을 보완하는 매체로서 책의 가치가 다시금 재평가될 것이다, 나는 그렇게 내다봅니다.

전문가라고 꼭 신뢰할 수는 없다

물론 누가 썼는지 명확하더라도 그것만으로 신뢰성이 충분히 담보되지는 않습니다. 명문 대학의 교수라서, 대기업 경영자라서, 유명한 운동선수라서 신뢰할 수 있는 건 아닙니다. 제아무리 유명해도 이화학연구소의 STAP세포(만능줄기세포) 소동 같은 사건도 발생하게 마련입니다. 원자력발전과 관련해서도, 쓰키지 시장의 도요스 이전 문제와 관련해서도 전문가가 뭐라고 얘기한다 한들 일반인들은 모르는 부분이 많기 때문에 전문가가 얼마든지 거짓으로 속일 수 있습니다.

또한 전문가라고 해서 그 생각이나 의견이 늘 경청할 만한 무게감을 갖춘 건 아닙니다. 최근에 여러 각도에서 논의된 천황 퇴위 문제와 관련해서는 유식자회의(각계를 대표하는 학식경험자나 실무경험자 등으로 구성된 회의 - 옮긴이)에서 '특별법으로 1대에 한정해야 한다'느니 '황실 전범典範을 개정해서 현재 천황뿐만 아니라 앞으로 영속하는 규범으로 만드는 게 좋다'는 의견 등이 나왔습니다만, 솔직히 말해 전문가든 아니든 별반 차이가 없는 의견입니다.

분야나 주제에 따라서는 전문가라고 해서 비전문가와는 다르게 유의미한 말을 한다고 장담할 수 없는 경우도 있습니다. 비즈니스 세계에서도 '그 유명한 회사가 투자를 한다니, 같이하는 이상 틀림없다'고 판단해서 사업에 실패한 경우가 얼마든지 많습니다. 나 역시 그런 실패를 한 경험자입니다.

거대 신문사에서 실시한 여론조사도 조사 방식부터 꼼꼼히 살펴보면, 과연 여론을 올바르게 반영했는지 의심스러울 때가 종종 있습니다.

예를 들어 중국인들 중 대부분이 일본을 싫어한다는 조사 결과가 나왔습니다. 그렇다면 '몇 명에게 질문을 했는가?', '질문 방식은 어떠했는가?' 하는 부분이 중요합니다. 그 조사에서 5,000명에게 질문했고, 그중 답변한 비율이 30퍼센트였다고 한다면 1,500명입니다. 중국의 14억 인구 중에서 고작 1,500명만 응답한 대답이 정말로 전체 의견을 반영했다고 말할 수 있을까요? 질문도 '좋아합니까, 싫어합니까?'라고 묻는 방식과 '싫어합니까, 좋아합니까?'라고 순서를 바꿔서 묻는 것은 결과에 영향을 미칠 게 분명합니다.

그럼 신문이나 텔레비전은 진실을 제대로 전달하느냐 하면, 꼭 그렇지도 않습니다.

전쟁 중에 군부 정보국의 지도로 일본문학보국회日本文學報國會라는 조직이 결성되었고, 많은 작가들이 거기에 이름을 올렸습니다. 그들에게 펜의 힘으로 전쟁을 찬미하라고 요구했던 겁니다. 하야시 후미코나 오자키 시로처럼 종군작가가 되어 중국 대륙에 관해 쓴 사람도 있습니다. 중국은 좋은 곳이다, 파리 한 마리 날아다니지 않는다, 깨끗하고 멋진 곳이라는 예찬만 쏟아놓는 극단적인 기사가 나돌았습니다. 그런데 실제로 현지에서는 파리가 사방으로 날아다녔고, 가축인 돼지와 같이 자는 등 비위생적인 환경에서 살아가는 사람도 아주 많았습니다. 전쟁 이전과 전쟁 중에 오랜 기간 동안 실정을 숨기고 그렇게 소개한 탓에 정보에 어두운 사람들은 그 말을 믿어버렸고, 특히 전쟁 전에는 중국으로 개척의 길을 떠난 사람도 많았던 것입니다.

한편으로 '일중日中 120년 문예·평론 작품선'(전5권, 이와나미쇼텐)에 따르면, 전쟁 후에는 전쟁 전이나 전쟁 중의 반성은 물론이고 중국 측에 대한 고려나 혁명에 대한 동경도 있어서 좋은 면만 썼던 경향도 있었습니다. 이처럼 사회적으로 신뢰도가 높다고 여겨지는 전문가나 대형 언론사, 대기업이라도 모든 정보가 진실인지 아닌지, 신뢰할 수 있는지 없는지는 사실 알 수가 없습니다.

정보의 질을 꿰뚫어본다

 나는 종합상사에서 일했던 시절에 정보의 질이 얼마나 중요한지 몇 차례나 직접 체험했습니다. 입사하고 얼마 지나지 않아 뉴욕 주재원으로 발령받았을 때, 임원이었던 세지마 류조 씨(1911~2007)에게 들었던 조언은 지금도 잊을 수가 없습니다.
 세지마 씨는 태평양전쟁 당시 대본영 육군부의 작전참모였던 전직 군인입니다. 11년간의 시베리아 억류 기간을 거쳐 마흔일곱 살 때 이토추 상사에 입사해 이토추를 종합상사로 발전시킨 공로자입니다. 그런 세지마 씨가 나에게 말했습니다.
 "만약에 문제가 생기면, 당장 비행기를 타고 현지로 가십시오. 돈 같은 건 신경 쓰지 않아도 됩니다. 그 일로 회사에서 불평을 한다면, 나한테 말하세요."

　상사 직원은 한시라도 빨리 1차 정보를 얻는 게 매우 중요하다는 사실을 가르쳐준 것입니다. 그것은 일본군의 대본영 작전참모였던 세지마 씨의 '모든 것은 현장에 있다'는 자계적인 교훈에서 비롯된 말이라고 생각합니다.

　미국에 간 후, 나는 세지마 씨의 이 말을 뼈저리게 느꼈습니다. 콩을 담당했던 나는 곡물 상장을 잘못 해석하는 바람에 500만 달러 가까운 손실을 낸 적이 있었습니다. 그것을 일본 엔으로 환산하면 약 15억 엔. 그 당시 회사의 세후(稅後) 이익금에 버금가는 액

수었습니다.

막대한 실패의 원인은 〈뉴욕 타임스〉 1면에 큼지막하게 실린 '올해는 심각한 가뭄이 올 것'이라는 예측 기사를 곧이곧대로 믿어버렸기 때문입니다. 기사와 함께 실린, 곡물이 메말라 황무지가 펼쳐진 사진을 본 나는 '가뭄이 계속되어 콩 시세는 틀림없이 크게 상승할 것'이라 확신하고 콩을 잇달아 사들였습니다.

그런데 햇볕만 쨍쨍 내리쬐던 날씨가 갑자기 돌변하더니 촉촉한 단비가 내리기 시작했습니다. 그러자 미국 농무부에서 '올해는 콩이 풍년일 것'이라는 예상을 발표합니다. 그 발표에 반응한

콩 시세는 상승세에서 반전되며 눈 깜짝할 사이에 폭락해버렸습니다.

손실액이 너무나 컸기 때문에 나는 사직서를 낼까 진지하게 고민했습니다. 동료들은 모두 내게 미묘한 거리를 두기 시작했고, 그야말로 바늘방석에 앉아 있는 심정이었습니다.

그때 도쿄 식량부서의 상사였던 쓰쓰이 유이치로 씨(1929~1987, 이토추 상사 전무)가 "하나도 숨기지 말게. 회사에 빠짐없이 다 보고해. 자네가 만약 잘리게 되면, 내가 먼저 그만둘 거야"라며 오히려 격려해주었습니다. 쓰쓰이 씨는 '상사에게도, 부하직원에게도, 거래처에도, 아내에게도 거짓말은 안 한다'는 신념을 가진 사람으로, 인덕이 매우 높은 분이었습니다.

쓰쓰이 씨가 격려해준 말 덕분에 모든 고민을 끊어낸 나는 일련의 경위를 정직하게 보고하고, 어떻게든 손실액을 만회하려 마음먹었습니다.

그때 깨달았던 점은 제아무리 많은 사람들의 지지를 받는 권위 있는 신문이라도 거기에 실린 기사를 다 신용할 수는 없다는 확신이었습니다. 독자는 기자가 어떤 과정을 거쳐서 그 정보를 얻어왔는지 알 턱이 없습니다. 그 정보원이 어떤지, 곡물 시세나 농업 사정과 관련된 기사라면 제 발로 현장에 나가 자기 눈으로 직접 확인했는지 독자로서는 알 길이 없는 블랙박스인 셈입니다.

적어도 신문 기사가 된 단계에서는 이미 손때가 묻은 2차 정보입니다. 그런 정보를 곧이곧대로 믿어버린 경솔함을 깊이 반성했습니다.

세지마 씨가 말했듯이, '모든 것은 현장에 있는' 겁니다. 1차 정보를 어떻게 모을 것인가. 정확한 정보를 얻기 위해 최선의 노력을 다하겠다고 결심한 나는 직접 차를 운전해서 산지를 몇 번씩 찾아갔고, 민간 일기예보 회사와 계약하며 모든 정보를 모아 분석했습니다.

그러는 중에 그해 가을 혹독한 한파가 올 거라는 확실도 높은 예보 정보를 얻었습니다. 그런데 실제로 혹독한 한파가 닥쳤고, 시세가 급등해서 나는 예전의 손실액을 만회하고 이익을 낼 수 있었습니다.

그 이듬해, 〈뉴욕 타임스〉가 이번에는 밀 경작 지대에 '심각한 가뭄이 닥칠 것'이라고 보도했습니다. '이번에는 안 속는다'는 마음으로 당장 비행기 표를 구해 캔자스 주로 날아갔습니다. 도착하자마자 자동차를 빌려 광활한 밭을 둘러보았습니다만, 가뭄으로 갈라진 땅은 한 군데도 없었습니다. 내가 둘러보는 한, 어디나 다 푸릇푸릇했습니다. 밀은 사면 안 되겠다고 생각하며 은근히 자신감에 차 있었습니다. 그런데도 주위에서는 다 사들였고, 그 와중에도 나는 냉정하게 대응하며 사지 않아서 손실을 면했던 적도 있습니다.

이런 경험을 통해서 나는 1차 정보의 중요성을 뼈저리게 인식했습니다. 비즈니스에서 정보는 생명줄입니다. 정보에 휘둘리지 않으려면 정보의 질과 정밀도를 높여야 합니다. 그러기 위해서는 끊임없는 노력과 깊은 고뇌를 아낌없이 투자해야 합니다. 그 후, 나는 신입사원에게 "세지마 씨는 '문제가 생기면 곧바로 현지로 가라'는 말을 했다"는 얘기를 자주 들려주었습니다.

무엇이 옳고 무엇이 그른가, 정보의 질은 어떠한가? 특히 인터넷을 중심으로 어마어마한 정보가 흘러넘치는 요즘 시대에는 한층 더 접하는 정보를 한 번쯤 의심해볼 필요가 있습니다. 그러기 위해서라도 평소부터 상식적인 판단과 정보 해독력을 연마해두어야 합니다.

'나는 아무것도 모른다'고 자각한다

　인간에게 가장 중요한 것은 '나는 아무것도 모른다'는 자각이라고 생각합니다. '무지無知의 지知'를 안다. 독서는 그것을 직접적으로 가르쳐줍니다. 책을 읽으면 지식이 늘어나고 이 세계를 어느 정도 안 듯한 기분이 들지만, 그와 동시에 여전히 모르는 게 아주 많다는 사실도 은근히 깨닫게 됩니다.

　아무것도 모른다는 자각은 인간을 겸손하게 합니다. 겸손해지면 어떤 것에서든 뭔가를 배우려는 마음가짐이 생깁니다. 배움을 통해 사고를 깊이 있게 다지고, 보다 좋은 사회와 인간관계를 만들어가려 합니다. 설령 나와 다른 사고를 가진 사람이라도 상대를 인정할 수 있습니다. 나는 아무것도 모른다는 자각은 그 사람을 끝없이 성장시켜줍니다.

반대로 나는 뭐든 다 안다, 뭐든 다 이해한다고 믿는 사람은 질이 가장 나쁜 경우일지도 모릅니다. 이런 사람은 오만해서 어디서든 남들보다 우위에 서고, 자기 뜻대로 일을 처리하려 듭니다. 매일같이 트위터로 세상에 불필요한 파문을 불러일으키는 미국의 새 대통령이 바로 그런 유형의 인간일지 모릅니다.

이른바 지식인이라 불리는 사람은 전문 분야에 관해서는 아주 상세하게 알지만, 그 외의 분야에서는 일반인과 별반 다를 바 없습니다. 마치 이 세상에 관해서는 다 안다는 듯이 행동하는 박람강기(博覽强記)한 사람도 모르는 분야가 아는 분야보다 훨씬 더 많게 틀림없습니다. 인간의 일생은 한정되어 있기 때문에 제아무리 열심히 수많은 책을 읽어도 한계가 있습니다. 물리적으로도 인간이 알 수 있는 데는 한도가 있다는 뜻입니다.

인터넷의 급속한 발전으로 전 세계에 떠도는 정보량은 폭발적으로 증가했습니다. 캘리포니아 대학교 버클리 캠퍼스의 피터 라이먼 교수(1940~2007)는 1999년 시점을 기준할 때, 인류가 과거 30만 년에 걸쳐 축적해온 정보량보다 많은 정보가 이후 3년 동안(2000~2002년) 축적된다고 지적했습니다.

만약 그것이 사실이라면, 지금은 그로부터 20년 가까운 세월이 흘렀고 그동안 인터넷의 침투 양상을 고려한다면 까마득할 정도로 많은 양의 정보가 축적되었을 게 틀림없습니다. 물론 세상에 나돌고 있는 막대한 정보 중 상당 부분은 별 대수롭지 않은 것일지도 모르지만, 지금 이 시대를 살아가는 동안에도 모르는 것들이 가속도를 붙여가며 증가하고 있다는 것만은 분명합니다.

생각하며 읽지 않으면
지식이 되지 않는다

똑같은 내용이라도 책을 통해서 아는 것과 인터넷을 통해서 아는 것은 다릅니다. 예를 들어 신대륙을 발견한 크리스토퍼 콜럼버스(1451?~1506)에 관해 인터넷에서 몇 줄로 소개된 내용을 훑어보는 것과, 콜럼버스 개인이나 대항해의 배경이 된 당시 유럽의 지정학에 관해 기술한 서적을 읽는 것은 똑같이 '안다'고 하더라도 그 의미가 상당히 다릅니다.

인터넷에서 검색하면 간단히 알 수 있습니다. 그러나 거기에서 얻을 수 있는 것은 단순한 정보에 불과합니다. 짧고 단편적인 정보가 아무리 많아도 우리는 그것을 지식이라 부를 수 없습니다. 왜냐하면 정보는 '생각하는' 작업을 거치지 않으면 지식이 되지 않기 때문입니다. 생각하는 과정을 거침으로써 다양한 정보가 유기적으로 결합되어 지식이 되는 것입니다. 독서를 통해 얻은 정보가 지식이 되는 까닭은 책을 읽는 행위가 종종 '생각하는' 과정을 동반하기 때문입니다.

무언가에 관해 진정으로 '안다'고 말하려면, 적어도 지식의 수준까지 깊어져야 합니다. 그리고 결정적인 것은, 인류가 유구한 세월 동안 축적해온 막대한 지식은 이 세계와 관련된 극히 일부분에 불과하다는 사실입니다.

생물의 진화 끝에 왜 인간이 태어났고, 언어를 갖고, 문명을 축적해왔는가? 이 대우주에서 왜 지구에만 고도로 발달한 생명체가 존재하는가? 또한 생명이란 도대체 무엇인가? 생각해보면 이 세상은 여전히 알 수 없는 것투성이입니다. 결국 인간이 이 세상에 관해 아는 비율은 고작해야 1퍼센트도 안 될지 모릅니다.

요컨대 우리가 살아가는 세상은 거의 대부분이 '모르는 것'으로 구성되어 있는 셈입니다. 그것을 고려한다면, '안다'는 교만은 생길 리가 없습니다. '아무것도 모른다'는 전제가 있기에 독서를 할 수 있고, 아무리 독서를 거듭한다 해도 그 전제는 영원히 사라지지 않습니다.

'아무것도 모른다'는 것을 안다. 인간이 성장하는 데 이보다 중요한 것은 없습니다.

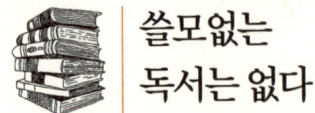
쓸모없는 독서는 없다

　책은 말하자면, 인간력을 연마하기 위한 영양제입니다. 초목에 물과 같은 존재라고 말할 수 있습니다. 따라서 잡초에 열심히 물을 주기보다는 거목이 될 성싶은 나무에 물을 주는 편이 낫겠죠. 그런데 어느 나무가 크게 성장할지 알 수 없거나, 애당초 거목감인지 잡초인지 분간되지 않는 경우도 있습니다. 그러므로 난독亂讀은 자칫하면 잡초에 물을 잔뜩 주는 거나 다를 바 없는 행위가 될 수 있습니다.
　독일의 철학자 쇼펜하우어(1788~1860)는 『독서에 관해서』에서 '오락을 위한 독서는 잡초를 키우는 것과 같다'라고 썼습니다. 그러나 나는 잡초에 물을 주는 식의 독서는 쓸모없다고 말하려는 게 아닙니다. 잡초가 있기에 비로소 거목의 가치를 알 수 있고, 잡초 같은 책을 다양하게 읽음으로써 나무를 보는 안목도 키울 수 있습니다.

쇼펜하우어는 '잡초는 밀의 양분을 가로챈다. 따라서 나쁜 책은 독자의 돈과 시간과 주의력을 가로챈다'고 가차 없이 비판했지만, 잡초는 잡초로서의 가치가 있습니다.

서점에 가면, 잡초와 꽃과 나무가 한데 어우러져 있습니다. 그것들을 둘러보고 '이 주변에 조금 특이한 꽃이 피어 있네. 재미있

는 나무가 있어'라고 생각하고 사봅니다. 재미있는 나무나 특이한 꽃이라고 예상했던 책이 막상 읽어보면 잡초일 때도 있습니다. 그와 반대로 잡초인 줄 알았는데, 나중에는 엄청난 거목이 될지도 모릅니다.

이건 재미있다 - 나에게 필요한 책이라고 생각하면, 유사한 책을 찾아보거나 권말에 실린 참고문헌에서 재미있을 것 같은 책을 다시 찾아봅니다. 이미 절판된 책이면 도서관에 문의해보거나 인터넷에서 고서를 찾아봅니다. 그렇게 성장해가는 나무는 줄기와 잎을 종횡으로 뻗으며 더욱더 다부지게 커갑니다.

책을 사는 행위는 복권을 사는 것과 같은 도박이 아닙니다. 막상 사서 읽어보니 잡초였다는 식으로 돈 낭비를 많이 하다 보면 '이건 아름다운 꽃을 피울 것 같다', '굵직하고 단단한 나무로 자랄 것 같다'고 예측하는 안목이 점점 생겨납니다. 그리고 차츰 사오는 책들 중에 잡초라고 밝혀지는 비율이 줄어듭니다.

그런 의미에서, 막상 읽어보니 잡초였다는 경험은 필요합니다.

나는 부모님이 서점을 운영해서 어린이용 책부터 성인용 잡지까지 뭐든 다 맘껏 읽었습니다. 가게 책꽂이에서 끄집어낸 책을 더럽히지 않도록 조심하며 깨끗이 읽고, 다시 제자리에 꽂아두는 경우가 빈번했습니다. 지금까지의 독서 편력을 돌아보면, 정말로 다양한 책이 눈앞에 떠오릅니다.

어린 시절에는 만화로 시작해서 노구치 히데오(일본의 의사이자 세균학자 - 옮긴이)나 슈바이처의 전기, '소년소녀 세계문학전집', 알렉산더 뒤마의 『삼총사』와 버넷 여사의 『소공자』·『소공녀』, 중·고등학교 시절에는 시모무라 고진의 『지로 이야기』, 대학 시절에는 로맹 롤랑의 『장 크리스토프』·『매혹된 영혼』, 후쿠자와 유키치의 『학문의 권장』, 시가 나오야의 『암야행로暗夜行路』, 구라타 하쿠조의 『스님과 그 제자』, '일본문학전집', '세계문학전집', '마르크스·엥겔스 선집', '레닌 선집', 영국의 역사철학자 E. H. 카의 『러시아 혁명』, 아이작 도이처의 『무장한 예언자 트로츠키』, 톨스토이의 『안나 카레니나』·『전쟁과 평화』, 마루야마 마사오의 『현대정치의 사상과 행동』, 사회인이 된 후로는 요시카와 에이지의 『미야모토 무사시』·『신新 헤이케 이야기』, 미국의 저널리스트 데이비드 핼버스탬의 『미디어의 권력』, 독일의 문화철학자 오스발트 슈펭글러의 『서구의 몰락』, 레비스트로스의 『슬픈 열대』, 영국의 역사철학자 케이스 젠킨스의 『누구를 위한 역사인가』, 톨스토이의 『인생론』, 애덤 스미스의 『국부론』, 막스 베버의 『직업으로서의 학문』 등 가슴 깊이 새겨진 책이 정말로 무수히 많습니다.

이 책들은 형태가 보이지 않지만, 모두 나의 내면에서 한 그루 큰 나무로 자라고 있을지도 모릅니다. 그 나무들은 분명 내가 죽을 때까지 계속 성장할 겁니다.

남이 추천하는 책은 믿을 수 없다

많은 젊은이와 책 이야기를 나누다 보면, "추천해주실 만한 책이 있나요?"라는 질문을 간혹 받습니다. 그럴 때마다 나는 이렇게 대답합니다.

"당신이 재미있을 것 같은 책을 읽으세요."

그러면 상대는 한순간 '엇?!' 하고 놀라는 표정을 짓습니다. 보나마나 '이 책은 정말 재밌어요', '이것은 일하는 데 필독서죠'라는 대답을 기대했을 겁니다.

그러나 내가 이건 거목이라고 생각하는 책이라도 남이 보면 잡초일지 모릅니다. 반대로 남이 훌륭한 책이라고 여기는 책이 나에게는 잡초에 불과할지도 모릅니다. 입장에 따라, 사고방식이나 느끼는 방식에 따라 이건 좋은 책이라거나 반드시 읽어야 할 책이라는 가치관은 다르게 마련입니다. 남이 아무리 좋다고 해도, 내가 관심이 없는 내용은 열심히 읽어도 머릿속에 들어오지 않습니다. 무지를 일깨워주는 내용이라고 해도 기초지식이 없으면 내용이 이해되지 않습니다.

또한 자기 안에서도 나이에 따라 이해하는 방식이 얼마든지 달라질 수 있습니다. 젊은 시절에 읽고 대단한 책이라고 감탄했는데 몇십 년이 지나 다시 읽어보니 그다지 와닿지 않거나, 반대로 젊을 때는 감춰져 있던 가치를 알아채지 못했는데 인생 경험을 쌓고 나니 비로소 책 내용이 이해될 때도 있습니다. 예를 들면 내가 학창 시절에 읽고 감동했던 러시아의 실천적 사상가 레프 톨스토이(1828~1910)의 『전쟁과 평화』를 지금 다시 읽는다 해도 예전처럼 감동할까? 아마도 그런 일은 없을 겁니다.

최근에 이런 실험을 해보았습니다. 55년 전쯤에 읽고 큰 영향을 받았던 로맹 롤랑(1866~1944)의 장편소설 『장 크리스토프』를 오랜만에 다시 읽어보았습니다. 이 책은 로맹 롤랑이 직접 펜을 든 베토벤의 전기를 기초로 해서 '모든 나라의 고민, 투쟁, 그럼에도 이겨내는 자유로운 영혼들'에게 바치겠다고 쓴 작품입니다. 주인공인 장 크리스토프는 자기 마음에 너무 정직하게 살려고 한 나머지 여러 가지 곤란과 시련을 맞닥뜨리지만, 그것을 극복하고

작곡가로 성공을 이루어갑니다.

나 역시 자기 마음에 정직하자고 스스로 타이르며 지금까지 살아왔지만, 그것이 얼마나 힘든 일인지 이 나이가 되니 뼈저리게 실감합니다. 회사에서 상사에게 말하기 어려운 무언가를 직언하다 충돌하거나, 그로 인해 주위 사람들이 나를 멀리했던 경험도 있었습니다.

한번은 동료가 상사의 부정한 행위 때문에 고민하는 모습을 가만히 보고만 있을 수 없어서, 치기 어린 정의감도 있었겠지만, "네가 말하지 못하겠으면 내가 하겠다"고 큰소리를 치고 상사에게 "당신 행동은 이상하다"고 말했습니다. 만약 그 일로 회사를 다닐 수 없게 되어도 딱히 상관없다, 어디 다른 곳에서 일하면 그만이라는 마음가짐이었습니다.

예를 들어 당신이 분식회계나 분식결산으로 이익을 내면 다음 달에 부장이 될 수 있지만 손실을 정직하게 보고하면 부장이 될 수 없는 경우, 어떻게 할 것인가? 대부분의 사람은 다음 달에는 시장 분위기가 나아질 거라 생각하고, 거짓말 쪽을 선택할지 모릅니다. 그게 인간이라는 존재이고, 그만큼 정직한 마음으로 살아가기가 어렵습니다.

정직한 마음으로 살겠다는 사고방식은 서생 같은 삶이다, 그런 마음가짐으로는 이런 경쟁 사회를 살아갈 수 없다고 생각하는 사람도 있을 겁니다. 그러나 그렇게 생각하든 말든, 그것은 각자의 가치관과 마음의 문제입니다. 죽는 순간 '아, 내 인생은 행복했어. 남도 속이지 않았고, 상처도 입히지 않았어. 정직한 마음으로 내가 뜻하는 대로 살았지'라고 생각할 수 있을까. '아, 이런, 회사에도 부하직원에게도 나쁜 짓을 했네' 하는 일이 있다면, 마음속 어딘가에 줄곧 남아 있을 겁니다.

얼마나 정직하게 내 마음에 충실하게 살아갈 수 있을까? 이런 생각을 할 수 있게 된 것도 『장 크리스토프』의 영향이 조금은 있었을지 모릅니다.

나에게는 평생 잊을 수 없는 한 권의 책이었기에 다시 읽는다면 55년 후의 나에게는 어떻게 받아들여질지 흥미가 끌렸습니다. 『장 크리스토프』는 문고본 한 권 분량이 500~600페이지이고, 총 4권입니다. 상당한 분량의 장편입니다. 내 마음이 어떻게 반응할까 궁금해하며 흥미진진하게 읽기 시작했는데, 2권을 다 읽은 시점에서 좌절했습니다. 역시 같은 책이라도 나이나 시대에 따라 받아들이는 인상이 전혀 달랐습니다. 그쯤에서 '55년 전과 똑같은 감동과 감격이 있다면, 나는 바보'라고 생각했습니다. 만약 그렇다면 거의 성장하지 못했다는 의미이기 때문입니다.

나이가 들어 좀처럼 감동되지 않는다고 말하면 감성이 쇠퇴해서 느끼는 힘이 약해진 것처럼 들리겠지만, 꼭 그런 건 아닙니다. 다만, 젊을 때와 달라서 느끼는 대상이 변하는 것입니다. 같은 책이라도 젊을 때와 나이 든 후에 느끼는 방식이 달라지는 건 지극히 당연합니다.

 ## 에로소설이나 만화에서도 배울 게 있다

몽테뉴(1533~1592)의 『수상록』 같은 책은 예전에 읽었을 때와는 또 다른 감흥이 일었습니다. 몽테뉴 특유의 회의주의로 관철된 인간에 대한 깊은 통찰이 깊은 울림을 주었습니다.

『수상록』은 고대 그리스·로마 시대의 문헌을 많이 인용했습니다. 다시 말해 몽테뉴는 아리스토텔레스, 플라톤, 플루타르코스, 세네카 같은 선지 철학자의 사색을 참고해 '인간이란 무엇인가? 지성과 이성은 무엇인가?'라는 문제를 집요하게 파헤치며 그 답을 추구했습니다. 그런 깊은 내공과 폭넓은 시야에 또다시 매력을 느낀 것입니다.

그렇다고 해서 『수상록』은 좋은 책이라고 홍보하려는 건 아닙니다. 각자가 읽고 싶은 책이라면, 만화든 에로소설이든 상관없다고 생각합니다.

어떤 책이든 배울 점은 여러 가지가 있습니다. 에로소설도 예외는 아닙니다. 남녀 관계에서는 이런 기분이 들고 정신적인 갈등이 있다는 것을 알 수 있습니다. 에로소설이라 안 될 이유는 전혀 없습니다. 자기가 관심 있거나 뭔가를 배우려는 마음만 있다면, 남의 시선이 꺼려져서 못 읽고 주저할 필요는 없습니다. 나는 중학생 무렵부터 그런 부류의 책을 질릴 정도로 많이 읽었습니다. 지금 관능소설을 쓰라고 하면, 쓸 수 있을 정도입니다. 젊은 날에 엄청나게 많이 읽어서 사회인이 된 후로는 전혀 읽지 않았습니다.

만화도 젊을 때는 꽤 많이 읽었습니다. 회사에 입사해 독신 기숙사에서 지낼 무렵에는 시라토 산페이의 인기 만화 「카무이전」이 연재되었던 만화잡지 〈가로ガロ〉를 정기 구독해서 출퇴근 때 이용하는 주오선 전철 안에서 읽곤 했습니다.

언제였던가, 전철 안에서 〈가로〉를 읽고 있을 때 나이 지긋한 남자가 "요즘 젊은이들은 만화만 읽네……"라고 말했는데, 나는 왜 그런 말을 들어야 하는지 이해되지 않은 적도 있었습니다. 만화는 어떤 주제든 폭넓게 다룰 수 있는 장점이 있어서 사회나 인간에 관해 다양하게 배울 수 있습니다.

관심이 있다는 말은 '배우고 싶은' 마음이 있다는 의미입니다. 그러니 옆에서 보면 잡초 같은 책이더라도 자기가 흥미를 갖고 있으면 계속 읽어나가야 합니다. 그런 자세를 갖고 있는 한, 분명 뭔가를 얻을 수 있을 겁니다.

무엇이 교양을 높여주는가?

일반적으로 '교양'이라고 하면, 대전제로 지식의 양과 관계된다고 생각하지 않을까요? 그러나 나는 지식은 교양의 필요조건은 아니라고 봅니다. 내가 생각하는 교양의 조건은 두 가지, 즉 '내가 모른다는 것을 아는 것'과 '상대의 입장에서 매사를 생각할 수 있는 것'이라고 생각합니다.

따라서 명문 대학을 나와 지식을 많이 갖추었더라도 반드시 교양인이라고 말할 수는 없습니다. 오히려 그런 사람들 중에 교양이 없는 사람이 의외로 많습니다. 예를 들면 열심히 공부한 고학력 엄마가 자식 앞에서 "이 애는 바보라서 큰일이에요"라고 말하는 모습을 본 적이 있는데, 그 엄마는 교양이 없는 사람입니다. 그 말이 아이의 가슴에 비수로 꽂힐 거라고 생각하지 못합니다. 아이가 부모에게 어떻게 보이고 싶어 하는지, 뭘 원하는지 전혀 모르는 사람입니다. 이런 사람은 지식을 주입해왔기 때문에 공부는 잘할지 몰라도, 하물며 자기 자식인데도 상대방의 입장에서 생각해보지 못하는 것이겠죠. 내가 볼 때는 명백하게 교양이 없는 사람입니다.

그렇다면 교양을 높여주는 것은 무엇일까?

그것은 일과 독서와 사람이라고 생각합니다. 이 세 가지는 서로 연결되어 있고, 어느 하나가 독립적으로 존재할 수 없습니다. 독서는 안 하고 일만 한다면 정말로 성과 높은 일은 할 수 없을 테고, 사람을 사귀지 않고 사람을 모르는데 일이 잘 풀릴 리가 없습니다.

내가 생각하기에 일은 인생 자체입니다. 먹고살기 위해서라거나, 돈을 모으기 위해서라거나, 가족을 부양하기 위해서라는 명목만 있는 게 아닙니다. 인생에서 일을 제거해버리면 아무것도 남지 않습니다. 일을 하면 기쁨, 슬픔, 분노, 오해, 질투 등 여러 가지 감정을 맛보게 됩니다. 이 모든 감정을 경험할 수 있는 것은 일밖에 없습니다.

일이란 꼭 돈을 보수로 받는 것이라고 한정할 수 없습니다. 다양한 자원봉사도 일이고, 곤란에 처한 사람들을 돕기 위해 활동하거나 몸을 움직이는 것도 일입니다. 우리는 일을 하면서 다양한 경험을 쌓고, 인간을 깊이 이해할 수 있습니다. 일도 안 하고 취미 활동만 한다면, 인간으로서 계속 성장할 수 없습니다.

책은 일에 임하는 의식을 바꾼다

막스 베버(1864~1920)는 『프로테스탄트 윤리와 자본주의 정신』에서 자본주의 정신의 근저에는 프로테스탄트 가치관이 그 출발점에 있다고 기술했습니다. 그 가치관이란, 일은 하늘(신)에서 부여받은 천직이며, 그것을 수행하는 것이 '세속 내 금욕'이라는 덕 있는 삶이라는 것입니다.

신에게 기도하는 마음으로 주어진 일을 열심히 한다, 신에게 받은 돈은 하늘(사회)로 되돌린다, 그런 이타적인 마음으로 일하며 살아간다……. 현재의 자본주의는 단순히 돈(이익)을 많이 얻는 것이 선이 되어버린 느낌이지만, 원래는 그런 금욕적인 정신이 자본주의의 원류에 있었다는 말입니다. 나는 기독교 신자는 아니지만, 천직이라는 감각으로 일에 임하는 태도는 매우 중요하다고 생각합니다.

일본에도 일에 대한 윤리의 필요성을 설파한 인물이 있었습니다. 막스 베버가 『프로테스탄트 윤리와 자본주의 정신』을 저술한 1905년과 거의 비슷한 시기(1893년)에 현재의 이토추 상사의 근간이 된 이토이토텐伊藤糸店을 개업한, 이토 가문의 제5대 차남이자 이토텐의 초대 점주였던 이토 추베에(1842~1903)입니다.(이토 가문의 가업은 1858년에 창업했다)

이토 추베에는 '장사는 보살의 업業, 상도의 존엄성은 사는 쪽과 파는 쪽 모두에게 이익을 주고, 세상의 부족함을 채우고, 석가의 뜻에 따르는 것'이라고 썼습니다. 상도는 세상과 사람을 위한 것이어야 한다는 의미입니다.

오미近江(지금의 사가 현 - 옮긴이) 출신이었던 이토 추베에의 마음속에는 오미 상인 전통의 '판매자에게 좋고, 구매자에게 좋고, 세상 사람에게 좋고'라는 '산포요시三方よし'(생산자, 소비자, 사회 전체에 이익이 되어야 한다는 의미다 - 옮긴이)의 윤리적 정신이 뜨겁게 살아 숨 쉬고 있었던 것입니다. 나만 좋으면, 우리 회사에만 이익이 된다면…… 이런 마음가짐이라면 설령 당장은 일이 잘 풀리더라도 조만간 반드시 무너지게 됩니다.

실제로 한 사람 한 사람이 그런 윤리관을 갖고 행동한다면, 최종적으로는 당사자에게도 주위 사람에게도 최대의 이익이 돌아오지 않을까요. 그런 의미에서 '산포요시'의 사고방식은 단순히 듣기 좋은 말로 그치는 게 아니라 지극히 합리적인 지혜가 깃들어 있다는 생각이 듭니다.

자기 마음에 거짓말을 하지 않고, 남을 위해 일하는 것이 얼마나 중요한가. 그래서 나는 늘 나 자신과 부하직원들에게 일에 임하는 마음가짐으로 '청렴하고, 바르고, 아름답게' 살라는 말을 되풀이했습니다. 나는 설령 500억 엔의 이익을 가져다주는 대형 안건이라도 법률에 저촉될 소지가 있거나 누군가를 함정에 빠뜨릴 가능성이 있으면 그 일을 물리쳤습니다.

'청렴하고, 바르고, 아름답게'라는 말은 너무나 평범하지만, 이 간단하고 쉬운 윤리관을 관철하기는 예상외로 어렵습니다.

인간만큼 복잡한 존재는 없다

인간에게는 수명이 있고, 그 기간 안에 할 수 있는 일은 한정됩니다. 그러므로 경험할 수 없는 것도 아주 많습니다. 그것을 채워주고, 인생을 풍요롭게 해주는 것이 바로 독서입니다.

나는 '인간이란 무엇인가?'라는 질문에 맞닥뜨려서 수많은 책을 섭렵해왔습니다. 그러나 파헤치면 파헤칠수록 인간이라는 존재는 수수께끼투성이라 그 질문에 대한 해답은 찾을 수 없었습니다. 프랑스의 과학자 알렉시 카렐(1873~1944)이 쓴 명저 『인간, 그 미지의 존재』는 나의 그런 질문에 힌트를 준 한 권의 책이었습니다.

카렐은 노벨 생리학·의학상을 받은 외과의사, 해부학자, 생물학자입니다. 이 책은 전문적인 식견을 바탕으로 인간의 가능성과 미래를 고찰한 내용으로, 그 당시에 베스트셀러로 떠올랐습니다. 그는 인간을 육체와 정신의 구조, 의식, 성장, 건강과 수명, 적응 능력 등의 관점에서 종합적으로 분석하고, 육체와 정신이 동전의 앞뒷면처럼 긴밀하게 연결되어 있다고 단언하며 사례를 들어 알기 쉽게 정리했습니다.

카렐은 그 당시 유럽의 역사적 배경의 영향도 받아서 우생학적인 사상을 갖고 있었습니다. 카렐만큼 지성을 갖춘 사람인데도 불구하고 이성적인 사색 행위에 감정의 편견이 크게 영향을 끼쳐서 그릇된 판단을 내린 것입니다. 그렇지만 그런 단점을 고려하더라도 『인간, 그 미지의 존재』는 후세에 오래도록 읽힐 만한 가치가 있는 책이라고 생각합니다.

이 책을 읽으면, 인간이 얼마나 수수께끼에 휩싸인 복잡한 생물인지 알 수 있습니다. 인간이란 이런 존재라는 안이한 결론을 내리는 것은 무지에서 비롯된 오만이며, 태만이라고 생각합니다. 우리는 '인간이란 무엇인가?'라는 질문 앞에서 겸허해야 합니다. 이 책은 그런 점을 명확하게 가르쳐줍니다.

독서는 현실 세계에서 체험할 수 없는 것들을 상상하게 해줍니다. 현재라는 시간과 공간을 넘어서 4,000년 전의 고대 중국으로 날아가 황하 문명을 접할 수도 있고, 고대 그리스로 가서 소크라

테스(기원전 470~기원전 399)와 대화할 수도 있습니다. 내가 경험하지 못할 것 같은 일을 책을 읽으며 체험합니다. 이를 통해 다양한 사람의 입장에서 세상을 바라보고 생각해볼 수 있습니다.

그렇게 함으로써 자신의 시야와 사고의 범위가 훨씬 넓어지고 상상력도 단련됩니다. 상상력은 현실을 살아가는 데 매우 중요합니다. 책을 읽고 다양한 삶의 방식이나 사고를 체험할 수 있다면, 상상력은 끝없이 뻗어나가고 그만큼 세상은 넓어집니다. 수수께끼로 가득한 인간이라는 존재에 대해서도 통찰과 이해가 깊어집니다.

게다가 '내가 모른다는 것을 알고' '상대의 입장에서 생각해보는' 자세로 살아가면, 내공과 깊이를 갖춘 인간으로 성장시켜줍니다.

허세를 위한 독서도
의미는 있다

　서재라는 공간은 그럴듯해 보여서일까, 월간지 화보에 서재를 배경으로 한 저명인사의 사진이 실릴 때가 많습니다. 그런 서재를 보면, 훌륭한 문학전집이나 호화로운 장정의 화집, 두툼한 외국 서적과 언뜻 보기에도 어려울 것 같은 전문서적 등이 줄줄이 꽂혀 있기도 합니다. 건강실용서나 여행안내서 혹은 가볍게 읽히는 추리소설이나 문고본 종류가 빽빽이 꽂힌 풍경은 절대 볼 수 없습니다.
　책꽂이를 보면 대체로 그 사람의 관심 분야나 지적 수준을 알수 있습니다. 훌륭한 책이 많이 늘어서 있는 서재를 보여줌으로써 나는 이 정도 수준의 인간임을 은근히 어필하는 거겠죠. 이것은 어디까지나 일종의 허영심입니다.

나에게도 허영심은 있습니다. 예를 들면 내 서재의 책꽂이는 오직 다 읽은 책만 순서대로 꽂아둬서 도저히 남에게 보여줄 수가 없습니다. 그러나 그런 얘기를 여기에 쓰면, '나는 겉치레에만 얽매이는 스타일'은 아니라고 은근히 자만하는 것 같기도 합니다. 실용적으로만 사용하는 책꽂이 자체는 허영도 뭣도 아니지만, 굳이 이런 문맥에서 써버리면 허영의 일종이 되어버립니다.

나는 허영심을 부정하지는 않습니다. 허영심은 누구에게나 있고, 단순히 부정해서도 안 됩니다. 허영심은 인간이 향상되거나 사회가 발전하는 데 없어서는 안 될 요소이기 때문입니다.

이런 허영에 관해 깊이 있게 통찰한 사람이 고전 경제학의 입문서로 알려진 『국부론』을 저술한 애덤 스미스(1723~1790)입니다. 그는 『국부론』을 발표하기 17년 전에 『도덕감정론』이라는 책을 출간했습니다.

애덤 스미스라고 하면, '보이지 않는 손'이라는 개념으로 상징되는 시장경제 제창자를 떠올리는 사람도 있겠지만, 사실은 대학에서 경제학뿐만 아니라 도덕철학도 가르쳤습니다. 그런 까닭에 그의 경제 이론의 근저에는 인간이 어떤 생물인가에 대한 깊은 통찰이 깔려 있는 것입니다.

애덤 스미스가 『도덕감정론』에서 기술하고자 했던 내용은 부를 추구하는 인간의 본능을 긍정하면서도 그것이 너무 지나치지 않도록 제동을 걸어주는 도덕이 필요하다는 것입니다. 부의 추구와 덕의 추구는 서로 모순되는 개념이 아니며, 인간의 내면에서 균형 있게 잘 공존시키는 게 중요하다고 말합니다. 그러기 위해서 그는 다른 사람과의 공감에 바탕을 둔 '관찰자'를 마음속에 두라고 말합니다. 그 관찰자가 부나 세간의 평가를 추구하는 이기심에 브레이크를 걸어준다고 합니다.

이 책에서 애덤 스미스는 '허영'이라는 단어를 키워드로 다룹니다. 누구나 훌륭하거나 아름답게 보이고 싶어 합니다. 그것이 허영심입니다. 그러나 허영심은 다른 사람의 시선이 없으면 생기지 않습니다.

예를 들어 깊은 산속의 은둔자처럼 생활하거나 무인도에서 살아간다면, 남의 눈을 신경 쓸 필요가 없습니다. 몸가짐을 단정하게 할 필요도 없고, 멋지게 차려입을 이유도 없습니다. 허름한 집에 살아도 아무 상관없습니다. 일단은 먹을 음식과 몸을 눕힐 수 있는 집이 있어 그럭저럭 편안히 살아간다면, 더 이상 바랄 게 없을 겁니다. 교양을 쌓거나 인격을 연마하려는 향상심도 품지 않겠죠. 남의 눈을 전혀 의식할 필요가 없는 생활이기 때문입니다.

인간은 허영심이 있기에 성장하려는 욕구나 경쟁에서 이기려는 마음이 솟구칩니다. 그리고 그것은 경제사회를 발전시키고 이끌어가는 큰 힘이 됩니다. 따라서 허영심은 잘만 이용하면 인간과 사회에 큰 가능성을 가져다줍니다.

다시 말해 허영심은 자연스러운 심리 현상이며, 그것이 있기에 비로소 사회는 진보하고 번영합니다. 다만, 그것이 너무 지나치지 않도록 조절하는 힘을 배양하는 요인으로 도덕심이 필요하다고 애덤 스미스는 말하는 것입니다.

허영심을 잘 이용하면, 자기를 연마하고 성장시키는 원동력이 됩니다. 그런 의미에서 보면, 허영심에서 책을 읽는 것은 결코 나쁘지 않습니다. 지식을 익혀서 대단한 사람으로 보이고 싶다, 모두가 탄성을 자아내는 지식을 쌓아서 멋진 연설을 하고 싶다, 그런 동기가 독서의 출발점이라도 상관없다고 나는 생각합니다.

그것을 계기로 호기심이 많아지고, 독서의 폭도 넓어질 수 있습니다. 그런 의미에서 독서와 허영심은 절대 나쁜 궁합이 아닙니다.

제2장

어떤 책을 읽으면 좋을까?

뜻밖의 만남은 늘 즐겁다

요즘은 인터넷에서 책을 구입하는 사람이 아주 많아졌습니다. 서점에는 거의 가지 않고, 오로지 아마존에서만 책을 구입한다는 사람도 적지 않습니다. 그런 영향도 있어서 서점이 점점 줄어들고 있습니다. 일본에서도 2000년에 전국에 2만 1,495개였던 매장이 2015년에는 1만 3,488개 매장으로까지 줄어들었습니다.

인터넷 쇼핑이 편리한 건 분명하지만, 여러 가지 부작용도 있습니다. 택배업계는 인터넷 통신판매를 취급하는 양이 폭발적으로 늘어나는 바람에 인력 부족난에 빠졌고, 장시간 노동으로 인해 피폐해지는 운전기사가 급증하는 실정입니다.

짐을 운송하는 트럭의 가동시간이 늘어나는 바람에 배출되는 이산화탄소의 양도 증가하고 있습니다. 앞으로도 통신판매 시장은 한층 더 확대될 테니, 운송업계는 근본적인 대책이 필요해질 겁니다.

그런데 실제로 물건을 보고 구입하는 것과 인터넷에서 구매 후기 등의 정보를 보고 사는 것은 역시 다를 수밖에 없습니다. 발품을 팔아 시각이나 촉각 등을 총동원해서 물건을 사면, 불확실성이 있는 인터넷 구입과 달리 물품에 대한 애착도 틀림없이 커질 것입니다.

책의 경우는 표지나 차례를 훑어보고, 팔랑팔랑 내용을 넘겨보거나 곰곰이 음미할 수 있습니다. 서점에서 책을 사는 장점은 그것뿐만이 아닙니다. 서점이 재미있는 점은 다양한 사람(저자)과 만날 수 있다는 것입니다. 나는 서점에 갈 때면, 실제로 다양한 사람을 만나러 간다는 기분에 왠지 마음이 설렙니다.

서점만큼 수많은 사람들을 만날 수 있는 장소는 없습니다. '오호, 흔하디흔한 주제인데 이렇게나 많은 사람들이 각자의 입장에서 발언했군', '허어, 이런 진귀한 주제를 진지하게 연구했네' 등 예상치 못한 뜻밖의 만남도 많습니다.

시간적인 여유가 있을 때는 평소에 별로 보지 않던 장르의 책꽂이도 살펴봅니다. 그러다 보면 '이 업계에서는 이런 대단한 일이 일어나고 있었네'라는 발견을 할 때도 있습니다.

그런 우연한 만남은 인터넷에서 체험할 수 없는, 서점에서만 맛볼 수 있는 즐거움입니다. 뜻밖의 우연한 만남은 인간관계에서도 마찬가지지만, 그것을 소중히 여김으로써 그 사람에게 의미 있고 재미있는 계기가 될 수 있습니다. 그때까지 몰랐던 저자나 작품을 서점에서 우연히 만나면, 그 사람의 관심 영역이 분명히 넓어질 겁니다. 생각지도 못했던 만남으로 호기심의 폭이 넓어지는 기쁨, 그것을 맘껏 즐기고 누릴 수 있게 해주는 것이 바로 서점의 장점입니다.

좋은 책을 알아채는 방법

출판사에서 근무하는 사람과 대화하다 보면, "제목을 정할 때 제일 고민됩니다"라는 말을 자주 듣습니다. 물론 제목을 정하기 전에 저자에게 원고를 청탁해서 받거나 편집하는 작업에 더 큰 에너지를 쏟아야 하겠지만, 제목을 결정할 때 망설여지는 경우가 많다는 의미겠지요. 또한 규모가 큰 출판사라면 편집부뿐만 아니라 영업부나 임원도 참석해서 제목 회의를 하는 경우도 있는데, 의견이 너무 많아 좀처럼 결정하지 못하는 모양입니다.

제목은 이렇듯 궁리에 궁리를 거듭한 끝에 결정된 경우가 많다 보니, 제목에 이끌려 책을 사버리는 경우도 생깁니다. 그런데 실제로 읽어보면 별다른 내용이 아니라 책을 잘 못 골랐다고 후회

하는 일도 적지 않습니다. 어느 편집자는 제목으로 팔릴지 안 팔릴지가 거의 판가름된다고 말할 정도니, 내용은 제쳐두고 일단은 팔아야 한다는 생각에 약삭빠른 제목을 붙이는 책이 늘어나는지도 모르겠습니다.

내가 책을 살 때의 기준은 '차례'입니다. 서점에서 책을 집어 들었을 때, 가장 먼저 차례를 찬찬히 읽어봅니다. 차례를 보면 어떤 내용이고 어떤 구성으로 전개하려는지 거의 파악할 수 있습니다. 저자가 어떤 의도로 독자에게 무엇을 전달하고 싶은지, 저자의 윤리적 사고가 대체적으로 보입니다. 그런 과정을 통해 큰 틀을 파악해두면, 이해하기 쉽고 읽는 속도도 빨라집니다. 그래서 나에게는 차례가 매우 중요합니다. 머리말을 한 차례 훑어볼 때도 있지만, 사느냐 안 사느냐를 좌우하는 경우는 별로 없습니다. 역시 차례가 결정적인 요인입니다.

그리고 책 표지도 영향을 미칠 때가 있습니다. 마치 이 책을 집어달라는 식으로 과장되거나 호들갑스럽게 꾸민 표지는 조금 멀리합니다. 맺음말에는 본문에 쓰지 못했거나 주제에서 조금 벗어난 내용을 싣기도 하고, 누군가에게 드리는 감사인사일 수도 있어서 서점에서 읽는 경우는 거의 없습니다. 단, 문고본 등에 해설이 있으면, 그것을 읽고 판단 재료로 삼을 때는 있습니다. 때로는 저자의 약력을 보고, 이런 주제로 연구해왔고 이런 입장에서 의견을 개진하고 있다는 걸 알면, 조금 읽어보고 싶은 마음이 들기도 합니다.

  그렇게 나름대로 꼼꼼히 살폈는데도 기대에 어긋나는 경우는 얼마든지 있습니다. 그렇지만 어긋나는 경우가 있기에 기대 이상으로 고마운 인연을 만났을 때의 기쁨도 한결 큽니다. 이런 뜻밖의 우연들이 있기에 서점에서 직접 책을 선택하는 것은 그 무엇과도 비교할 수 없는 기쁨입니다.

서평은 얼마나 신뢰할 수 있을까?

　요즘 대형 서점 같은 곳에서는 신문 서평에서 다룬 책들을 모아둔 코너를 마련해놓기도 합니다. 서평은 신문만이 아니라 주간지를 비롯한 다양한 잡지에 실리지만, 그중에서도 대형 신문사의 서평은 구독자가 압도적으로 많기 때문에, 거기에서 다루면 판매 면에서도 우위를 차지할 가능성이 꽤 높아집니다.
　그렇지만 나는 서평을 보고 책을 사는 경우가 거의 없습니다. 출판사에 다니는 지인이 예전에 "신문 등의 서평에서 다뤘다고 그렇게 잘 팔리는 건 아니에요"라고 말했지만, 실제로도 그럴까요? 원래 서평은 출판사의 배후 작업이나 인간관계상의 의리로 소개되는 경우도 꽤 많은 듯합니다. 꼭 내용이 좋아서 소개되었다고 단정할 수는 없습니다.

  그런 사정과는 관계없이 책을 선별하는 사람이 순수하게 자기가 소개하고 싶은 책을 선택하는 경우도 물론 있겠죠. 그렇다고 해도 나의 취향에 맞느냐 안 맞느냐는 보증할 수 없습니다. 흥미를 갖는 방식도, 사고방식도, 느끼는 방식도 사람마다 제각각입니다.

  그래서 나는 남들에게 '이건 좋은 책'이라고 추천하지 않는 것입니다. 반대로 남이 추천해줘도 바로 달려들지 않습니다. 아무리 많은 사람들이 좋아해도 나는 나, 사람이란 느끼는 방식도 취향도 다르다고 생각하기 때문에 선뜻 마음이 내키지 않는 겁니다.

  서평은 독자에게 별로 참고가 되지 않고, 믿을 수도 없습니다. 그 정도라고 생각해두는 편이 좋을 겁니다.

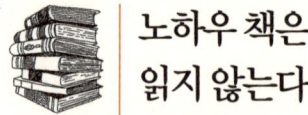 ## 노하우 책은 읽지 않는다

현대는 너무 급격하게 변화해서 늘 긴박하고 조급한 분위기에 휩쓸리는 느낌입니다. 그렇다 보니 느긋하게 시간을 갖고 차분하게 책을 읽는 여유를 누리기 힘들겠죠.

그런 사람들이 늘어난 탓인지 신간 등을 훑어보면, 소위 말하는 노하우 책 종류가 늘어나는 것 같습니다. 다시 말해 당장 도움이 되는 책을 읽고 싶은 심리를 가진 사람들이 예전보다 훨씬 늘어났다는 뜻일 겁니다.

그러나 나는 노하우 책 종류를 읽지 않습니다. 마음이 살짝 끌리는 제목이 있어도 차례만 잠깐 훑어보고 끝냅니다. 고령자 증가라는 사회적 배경에 힘입어 건강실용서도 크게 유행하고 있습니다. 이렇게 하면 무릎 통증이 낫는다, 암이 예방된다, 팔팔하게 살다 잠을 자듯 천수를 마감할 수 있다…… 여러 가지 주제로 쓴 책이 잇달아 출간되고 있습니다.

그런 건강 노하우를 쓴 책도 슬쩍 들여다보는 정도입니다. 몸 관리는 매일 아침 45분씩 산책하는 것처럼 각자가 일상생활 속에서 정한 운동을 하면 충분하다고 생각하기 때문입니다. 건강에 세심하게 주의를 기울여서 100세까지 살아야겠다는 의욕도 없고, 별다른 큰 병 없이 내게 허락된 수명까지만 살면 만족합니다.

노하우 책이 인기 있는 이유는, 요즘 사람들은 무엇이든 당장 그럴듯한 대답을 원하는 경향이 강하기 때문인 것 같습니다. 즉효성을 바라는 게 꼭 나쁜 건 아니겠지만, 독서는 기본적으로 즉효성만 바라고 하는 게 아닙니다.

예를 들어 민주주의에 관해 알고 싶어서 역사 서적이나 정치학 관련 서적을 읽는다고 해봅시다. 그러나 그런 책을 읽는다고 민주주의가 바로 명쾌하게 이해되지는 않습니다. 물론 일단은 대략적인 정의定義가 있지만, 그것은 진폭이 있어서 저자의 입장에 따라 민주주의를 파악하는 방식이 조금씩 다릅니다. 자기 나름대로 민주주의는 이런 것이고, 이런 활동을 통해 만들어가는 것이라는 이해를 확고히 다지려면 사고의 반추가 필요합니다. 그래서 시간이 걸립니다.

　책을 읽었을 때는 명확하지 않았는데, 어느 날 순식간에 납득이 가듯 이해되는 경우도 있습니다. 민주주의를 이해하려고 다양한 책을 읽더라도 금세 모든 걸 이해할 수는 없습니다.

　전쟁을 주제로 한 책도 마찬가지입니다. 전쟁은 왜 일어나는가? 평화란 무엇인가? 전쟁을 막으려면 어떻게 해야 하는가? 이처럼 읽어가면서 다양한 의문이 생겨나게 마련입니다. 전쟁은 악이며, 이렇게 하면 다시는 일어나지 않는다는 식의 단순한 얘기가 아닙니다. 책을 읽으면서 떠오른 의문에 대한 대답을 바로 얻을 수도 없습니다.

　세상사란 즉효성을 추구해도 되는 것과, 추구해도 아무 소용없는 것이 있습니다. 독서는 즉효성을 추구해도 의미 없는 경우가 많습니다. 즉효성이 없어서 자기 나름대로 고민하며 답을 찾아내는 점에 독서 본연의 참된 묘미가 있다고 생각합니다.

고전의 가치는 무엇인가?

고전은 수백 년 전부터 인간의 마음속 갈증을 해소해준 서적입니다. 그만큼 강한 힘을 가진 책이라 '고전이란 무엇인가?', '고전의 힘은 무엇인가?'라고 묻더라도 그리 간단히 대답할 수 없습니다.

요컨대 오랜 세월에 걸쳐 수많은 사람들에게 받아들여진 만큼 고전은 매우 넓은 폭과 깊이를 갖추고 있다고 말할 수 있습니다. 그래서 '씹으면 씹을수록 깊은 맛'이 나는지도 모르고, 마음속 깊이 새겨지는 잊을 수 없는 작품이 되는지도 모릅니다. 젊은 시절에 읽었을 때는 그 장점을 몰랐는데, 나이 든 후에 읽으니 가슴속 깊이 스며드는 내용일 수도 있습니다.

사람에 따라 고전은 독서의 기초를 형성한다고 말할 수도 있고, 고전은 마음이 내키지 않으니 굳이 읽을 필요가 없다고 말할 수도 있습니다. 고전이라고 모든 사람이 한결같이 감동하는 것도 아닙니다. 감동했다는 사람도 그 한 권이 처음부터 끝까지 좋았다고 말하지는 않을 겁니다. 이 대목이 마음에 와닿았다거나 저 부분은 농담처럼 느껴졌다거나, 독자에 따라 느끼는 부분도 다를 것입니다.

고전이라고 무조건 감동을 주는 좋은 읽을거리라고 믿어버린다면, 고전을 지나치게 과대평가하는 것입니다. 다만, 고전은 무수한 사람들의 마음속 필터를 통과해온 책이므로 어떤 힘을 가진 책인 건 분명합니다.

일단은 고전의 세계에 발을 들여놓고 그 힘을 접해봅시다. 읽어보지 않으면 어떤 힘인지 알 수 없습니다. 고전이 어떤 목소리로 어떻게 이야기를 풀어내는지 귀를 기울여보는 겁니다.

이해할 수 없는 책은 저자에게도 문제가 있다

책을 읽는데, 좀처럼 진척이 되지 않는 책이 있습니다. 단순히 재미가 없을 뿐이라면 그쯤에서 그만 읽으면 끝나지만, 개중에는 읽기 힘든 문장인데도 뭔가 중요한 내용을 쓴 것 같아서 힘을 내어 읽어보고 싶은 책이 있습니다.

나에게도 그런 경험이 있는데, 어느 경제학자의 책은 매번 중간까지밖에 못 읽습니다. 그 저자의 책은 차례를 훑어보면, 흥미가 끌리는 소제목이 줄줄이 늘어서 있습니다. 그런데 실제로 읽기 시작하면, 도무지 논리 구조가 확 와닿지 않습니다. 저자의 머리가 너무 좋은 탓인지 비약이 심해서 따라갈 수가 없습니다. 표현도 이상하고 장황합니다. 독선적이라 독자에 대한 배려가 전혀 없습니다. 학자 감각으로 어렵게 말하는 게 고상하다고 믿고 있을지도 모르겠습니다. 그러나 결국 끝까지 파고들면, 저자 자신도 머릿속에서 제대로 정리되지 않았기 때문인지도 모릅니다. 나는 이런 유형의 책을 만나면, 저자 자신도 잘 모르는 것 같다고 제멋대로 자기변호를 하고, 안타깝지만 도중에 책을 덮는 경우도 있습니다.

문장 자체에 문제가 있어서 읽을 수 없는 책도 있습니다. 출판된 책인데, 일정 정도 이상의 수준이 담보되지 않았다는 게 이상하지만, 번역서들 중에서 그런 책을 자주 만납니다. 번역가는 외국어에 정통하긴 해도 반드시 문장 표현의 전문가라고 할 수는 없습니다. 대학교수들 중에도 연구생들에게 초벌 번역을 맡기고, 자기는 마지막에 대략적인 사항만 점검한다고 말하는 사람이 있습니다. 표현 기술을 연마하지 않은 번역가의 손길이 닿은 책은 일본어로도 이상한 부분이 많기 때문에 번역서를 선택할 때는 각별히 주의해야 합니다.

철학서처럼 난해해서 뜻대로 읽히지 않는 책도 있습니다. 학창 시절, 불교 사상과 서양철학의 융합을 시도하고 『선善의 연구』 등으로 널리 알려진 철학자 니시다 기타로(1870~1945)의 책을 읽은 적이 있습니다. 그런데 니시다 철학의 유명한 키워드인 '절대 모순적 자기 동일'을 비롯해 책에 나오는 내용이 잘 이해되지 않았습니다. 일본을 대표하는 독창적인 철학자라는 평가가 머릿속에 있었기에 분명 대단한 내용이 쓰여 있을 거라 믿고 읽어갔지만, 좀처럼 이해되지 않았습니다. 한 번 읽었는데 이해되지 않아서 되풀이해 읽고 또 읽었습니다. 그런데도 잘 모르겠기에 결국은 중단해버렸습니다. 나의 부족함은 제쳐두고 얘기하는 것 같아 면목이 없지만, 독자에게 알기 쉽게 전달하려는 배려가 부족하다고 생각했기 때문입니다.

니시다 기타로는 전쟁 중에 도조 히데키(1884~1948, 일본의 군인이자 정치가 - 옮긴이)가 대동아공영권의 새 정책을 발표하는 연설에 조력해달라는 요청을 받고 '세계 신질서의 원리'라는 제목을 붙인 논문을 제출했습니다. 그러나 내용이 너무 난해하여 도조 히데키의 눈에 띄지 못했습니다. 니시다는 자신의 이념이 이해받지 못했다며 한탄했다고 합니다. 이 일화에서도 니시다에게는 자기 글이 다른 사람의 눈에 어떻게 비칠지 염두에 두는 객관적인 시점이나 상상력이 조금은 부족했을지 모른다는 생각이 듭니다. 니시다 철학이 매우 높이 평가되기도 하지만, 그 난해함이 권위가 된 것 같기도 합니다. 다시 말해 난해함이 오히려 고맙게 여겨진 면도 있지 않을까요.

깊이 있는 내용이라서 난해하다. 추상도가 높은 것은 고상하다. 그런 식으로 믿어버리는 사람이 적지 않습니다. 그러나 그것은 착각입니다. 쉬운 내용을 어렵게 표현하기는 쉽지만, 어려운 내용을 이해하기 쉽게 표현하기는 어렵습니다. 특히 철학자나 사상가들은 간단한 이야기를 굳이 어렵게 만드는 경향이 있습니다. 간단한 것을 어렵게 생각하는 이유는 머릿속에서 명쾌하게 정리되지 않았기 때문인지도 모릅니다.

관심은 있지만 인연이 없는 책도 있다

　대학 시절 나는 좌익 운동을 해서 좌익 사상이론서를 열심히 읽었습니다. 그중에서도 마르크스(1818~1883)의 『자본론』은 학생 운동을 하는 사람에게 필독서였습니다. 그 당시에 나는 검사나 변호사가 되고 싶은 마음이 있어서 사법시험 공부도 했습니다. 어느 여름방학에 피서를 겸해 시험공부를 하려고 나가노에 간 적이 있었습니다. 그때 공부하는 틈틈이 머리도 식힐 겸 『자본론』을 들고 갔습니다.
　그러나 내용이 내용인 만큼 당연히 머리를 식히는 수준이 아니었습니다. 그렇다 보니 시험공부는 제쳐두고 『자본론』에 시간을 할애해버리고 말았습니다. 슬슬 도쿄로 돌아가야 할 때가 되자

'난 대체 뭘 하러 왔을까?' 후회했지만, 이미 흘러간 시간은 되돌릴 수 없었습니다.

그 후, 영어로 읽으면 이해하기 쉬울지 모른다는 생각에 영문판 『자본론』을 사서 읽기 시작한 적도 있습니다. 그런데 시간을 너무 많이 뺏겨서 다른 책은 전혀 읽을 수 없게 되었습니다. 그런 영향도 있어서 결국 도중에 중단해버렸습니다. 『자본론』은 분량이 무척 많을 뿐더러 쉽게 읽을 수 있는 내용이 아니기 때문에 완독한 사람은 그리 많지 않을 거라고 생각합니다. 그 당시의 경제학자도 제대로 다 읽은 사람은 소수이지 않을까요.

『자본론』은 읽을 만한 가치가 있는 책이라고 생각하지만, 다 읽으려면 막대한 시간이 걸립니다. 전문가도 아닌 사람이 그렇게까지 많은 시간을 들이는 것보다는 차라리 다른 책을 읽는 게 낫다고 생각합니다. 관심을 갖고 읽기 시작했지만, 뜻대로 진척되지 않는 책은 뭔가 이유가 있게 마련입니다. 재미가 없거나 문장에 문제가 있거나 필요 이상으로 어렵게 쓴 책이기도 합니다. 그런 경우에 나는 굳이 무리해서 읽을 필요가 없다고 편한 대로 해석합니다.

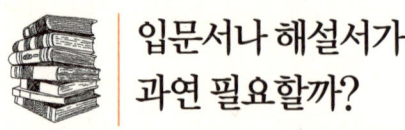

입문서나 해설서가
과연 필요할까?

최근 서점에 가면 눈에 자주 띄는 책이 오리지널 책의 입문서나 해설서 유형입니다. 화제가 되어 잘 팔리고 있으니 읽어보고 싶다, 그런데 오리지널은 분량이 너무 많아 읽는 데 시간이 걸릴 것 같고, 내용도 이해하기 조금 어려울 것 같다……. 이렇듯 일상생활이 바빠서 진득하게 앉아 차분히 책을 읽기 힘들어진 오늘날의 독자 수요에 맞춰서 그런 해설서나 입문서가 출간되는 것 같습니다.

몇 년 전에 베스트셀러가 되었던 프랑스 경제학자 토마 피케티(1971~)가 저술한 『21세기 자본』도 여러 출판사에서 해설서가 나왔습니다. 200년 이상 된 각국의 막대한 자산이나 소득 데이터를 분석하여 자본주의 사회에서는 필연적으로 격차가 커져가고 고정된다는 것을 실증한 내용입니다. 이 책은 700쪽이 넘는 두툼한 분량에다 내용도 전문적입니다. 쉽게 술술 읽을 수 있는 책이 아닙니다. 그런데도 자본주의가 안고 있는 심각한 문제에 처방약을 제시했다는 점에서 큰 관심을 모았고, 프랑스를 비롯해 각국에서 베스트셀러가 되었습니다. 그러니 입문서나 해설서를 만들기에는 안성맞춤인 책이었겠죠.

실제로 그중에는 오리지널보다 더 많이 팔린 책도 있는 것 같습니다. 편승 상술이라고 말할 수도 있지만, 『21세기 자본』의 내용을 모르는 것보다는 입문서로 그 일부라도 이해하는 편이 조금 나을지도 모르겠습니다.

철학서 코너에도 여러 철학자가 저술한 유명한 책을 가이드북 식으로 소개한 입문서가 다양하게 나와 있습니다. 그러나 그런 입문서나 해설서를 읽는 것은 여행은 가지 않고 그림엽서나 인터넷 이미지로 만족해버리는 것과 비슷할지 모릅니다. 오로라를 보러 굳이 북극권까지 가지 않더라도, 잉카 유적이나 마추픽추를 보기 위해 페루에 가지 않더라도 사진으로 오로라나 마추픽추를 보면 충분하다고 생각하는 사람도 적지 않겠지요.

그러나 실제로는 현지에 가지 않으면 알 수 없는 것이 아주 많습니다. 오감으로 자연을 느끼고, 그곳에 사는 현지인들과 소통하는 것은 사진으로 절대 체험할 수 없습니다. 입문서나 해설서도 그와 마찬가지라서 오리지널 책을 읽지 않으면 알 수 없는 것, 맛볼 수 없는 것이 아주 많을 게 틀림없습니다.

물론 개중에는 입문서나 해설서 수준으로 끝내도 되는 책이 있을 겁니다. 그러나 해설서만 읽어두면 저자가 정말로 전하고자 하는 것을 내 것으로 만들 수 없습니다. 오리지널 책을 읽을 때는 시간과 노력이 많이 들지만, 에너지를 사용한 만큼 그것들은 확실하게 나의 피와 살이 됩니다. 다시 말해 비용을 들인 만큼 나의 사고와 언어로 바꿀 수 있는 것입니다.

베스트셀러는 읽을 가치가 있을까?

이른바 베스트셀러를 나는 별로 읽지 않습니다. 물론 내가 관심 있는 주제라면, 왜 화제가 되었을까 흥미가 끌려서 책을 읽어보는 경우는 있습니다. 그러나 베스트셀러가 되었다는 이유만으로 책을 사는 일은 일단 없습니다.

베스트셀러는 그 시대의 특징을 어딘가에 반영하고 있으니, 그것을 통해 시대의 단면을 엿볼 수 있긴 합니다. 그러나 시대의 흐름을 알고 싶으면 다른 매체를 통해서도 얼마든지 알 수 있습니다. 잘 팔리는 하이테크 제품, 인기 있는 테마파크나 박람회, 노래나 영화, 패션 등 여러 가지 것들이 그 시대를 반영합니다. 그런 것들을 보고 들어두면 시대의 흐름을 엿보고 알 수 있으니 굳이 시대의 흐름을 알기 위해 베스트셀러에 돈을 들일 필요는 없습니다.

그런데 이렇게 말하는 나도 아쿠타가와 상을 받은 작품만은 매회 꼭 읽어봅니다. 아쿠타가와 상을 받아서 베스트셀러로 떠오르는 책도 있지만, 평범하고 눈에 잘 띄지 않는 작품이라도 일단은 읽어봅니다. 아쿠타가와 상은 소설의 최고봉인 상인 만큼 시대의 정수 같은 게 녹아 있을지도 모르고, 현대인에게 깊이 내재된 심리를 배울 수 있을지도 모릅니다. 그런 생각이 마음속 어딘가에 있어서 읽어봅니다.

그런데 재미있거나 감동적인 작품은 별로 없었습니다. 얼마 전에는 개그맨이 쓴 소설과 편의점을 소재로 해서 아쿠타가와상을 받은 소설이 많이 팔린 듯한데, 솔직히 재미있다고 느껴지진 않았습니다.

이처럼 아쿠타가와 상 수상작이라도 흥취를 돋우거나 마음을 흔드는 책이 최근에는 거의 없습니다. 나이가 들어 감동하거나 감격하는 마음이 다소 둔해졌는지도 모르겠습니다. 최고의 영예를 안은 작품이라고 해서 정말로 새로운 것, 가능성을 느끼게 해주는 책이 그리 많을 리 없다는 것도 압니다. 그런데도 계속 읽어가는 이유는 내 안에서 하나의 지표가 되었기 때문일 겁니다. 책을 통해 시대를 아는 작은 실마리로서 최소한 아쿠타가와 상을 받은 소설만은 읽어두고 싶습니다.

주간지는
독서의 범주에 들어갈까?

회사 경영자들 중에는 독서가가 적지 않습니다. 조직의 리더는 인간이라는 존재에 대한 깊은 통찰과 이해가 요구되는 자리입니다. 또한 막중한 책임을 짊어지고 있으므로 일에 관해서도 남들보다 배로 공부해둘 필요가 있습니다. 그러니 책을 많이 읽어서 자기를 연마해야 합니다. 그런 마음도 강할 거라고 생각합니다.

그러나 개중에는 활자라고 하면 주간지나 스포츠신문만 읽는 사람도 꽤 많습니다. 그런데도 뛰어난 경영자를 가끔 봅니다. 그러나 긴 안목으로 보자면, 직원이나 회사에서 환영받는 자세는 아닐 것으로 판단됩니다. 내가 지금까지 만났던 경영에 뛰어난 지도자는 대개 독서가였습니다. 기술 분야 출신이라도 경제나 정치, 역사부터 소설에 이르기까지 상당한 양의 책을 폭넓게 읽어 왔습니다.

나도 학창 시절에는 주간지를 1주일에 열 개쯤 읽었습니다. 그러던 어느 날, 문득 '나는 왜 이런 바보 같은 책을 열심히 읽고 있을까?' 하는 의문이 들었습니다. 어느 주간지나 내용이 엇비슷했습니다. 유명 연예인의 스캔들, 정치가의 불상사, 새로운 재테크 방법 소개 등. 그런 내용을 숱하게 읽어서 주간지가 만들어지는 패턴을 완전히 파악하고 말았습니다. 이 정도면 나도 취재해서 기사를 쓸 수 있을 것 같다는 생각이 들었고, 그 뒤로는 거의 읽지 않았습니다.

지금 내가 정기 구독하는 잡지는 경제지인 〈주간 이코노미스트〉와 월간지인 〈문예춘추〉뿐입니다. 이 두 잡지는 처음부터 끝까지 꼼꼼히 읽습니다. 〈문예춘추〉는 정치, 경제, 문화, 예술, 과학, 스포츠, 오락 등 다방면에 걸쳐 읽을 만한 내용이 수록되어 있습니다. 거기에는 사람들의 관심을 불러일으키는 화제가 다뤄져 있어서 세간의 흥미가 어느 쪽으로 향해 있는지, 일반인들이 생각하는 경향은 어떤지를 파악할 수 있습니다.

편집 후기까지 포함해서 모든 기사를 읽는 까닭은 흥미로운 기사만 선택해버리면 좋아하는 분야의 정보만 머릿속에 들어오기 때문입니다. 그래서 평소 같으면 일단 읽지 않을 탤런트가 쓴 기사도 끝까지 훑어봅니다. 이 두 잡지는 나에게 독서가 아니라 정치, 경제, 사회, 과학, 문화와 관련된 다양한 정보를 얻을 수 있는 도구 같은 존재입니다.

외국 잡지도 〈블룸버그 비즈니스위크〉만은 정기적으로 읽습니다. 이 잡지에는 일본의 미디어가 전해주지 않는 정보가 실려 있어서 관심 있는 기사만 골라 읽습니다. 외국인 기자가 대상을 바라보는 방식은 종종 일본인의 상식이나 사고방식을 상대화해 줍니다. 그것을 통해 세상사를 다각적으로 보고 사고할 수 있습니다.

최근에 어느 주간지의 취재를 받고 오랜만에 그 주간지를 읽어 보았는데, 그 시시한 내용에 깜짝 놀랐습니다. 어느 오래된 주간지는 특종을 연발해서 화제가 되고 있지만, 그 특종 기사라는 게 연예인 또는 정치가의 불륜 소동이거나 야구선수의 도박 문제이거나 유명 탤런트의 독립 소동 같은 얼토당토않은 내용이 압도적으로 많습니다.

그 이유를 파고들자면, 대중의 관심은 다른 사람의 불행을 듣고 싶어 하는 데 있고 마음속에 '시기, 심술, 질투'가 가득 차 있기 때문이지 않을까요. 인간은 내가 주간지에 푹 빠져 살았던 50년 전과 완전히 똑같다고 해도 될 만큼 변하지 않았습니다. 인간과 마찬가지로 주간지도 50년 전과 비교할 때 형태는 바뀌었어도 내용은 여전히 똑같이 팔리고 있는 게 아닐까요.

주간지의 역할은 세속적인 이야기를 들여다보는 대중의 취미에 응해주는 것입니다. 인간의 추잡함, 어리석음이나 한심함을 알기 위해서라면 가끔 읽어도 좋을지 모릅니다. 그러나 우리 내면의 시기와 질투가 그쪽으로 자꾸 향하게 만들기 때문에, 그런 기사를 계속 읽다 보면 부정적인 감정에 치우친 인간이 됩니다.

인간은 본래 동물입니다. 굶어 죽을 지경이 되면 약탈을 해서라도 식량을 얻으려는 자기 보호 본능을 갖고 있습니다. 나는 그것을 '동물의 피'라고 이름 붙였습니다. 주간지는 인간의 내면에 있는 '동물의 피'를 헤집어놓습니다. 마음의 영양도, 머리의 영양도 되지 않습니다. 비유하자면, 영양가 없이 칼로리만 늘리는 과자나 다를 바 없습니다. 그러므로 주간지를 아무리 열심히 읽어도 그것은 독서라고 할 수 없겠죠.

그런 '동물의 피'를 억누르는 것은 그것과 정반대에 있는 '이성의 피'뿐입니다. '이성의 피'란 세상사를 부감俯瞰해보는 능력, 상대의 입장을 이해하는 능력입니다. 그런데 지금은 주간지적인 소재와 정보가 인터넷에서 널리 읽히는 시대입니다. 주간지는 계속 형태만 바꾸고, 앞으로는 인터넷이 그 기능을 더 많이 짊어질 것으로 예상됩니다.

그러나 인터넷 정보는 주간지보다 훨씬 더 단편적인 토막 정보 뿐입니다. '이성의 피'를 자극하는 부분이 주간지보다도 훨씬 적습니다. 그런 의미에서 보면, 문자는 점점 더 '동물의 피'를 자극하기 위해 제공되는 추세에 있을지도 모르겠습니다.

제3장

**머리를 쓰는
독서의 효용**

'생각하는 힘'은 이렇게 커진다

　요즘 사람들은 논리적으로 생각하는 힘이 약해진 것 같습니다. 어떤 사람의 주장이 잘못되었다고 생각하는 경우, 왜 잘못되었는지 곰곰이 숙고해서 말로 표현하는 것이 바로 논리적인 사고입니다.

　오늘날의 시대는 쉽게 대답을 내기 어려운 문제가 산적해 있습니다. 예를 들면 환경문제나 심각한 격차를 낳는 글로벌리즘 문제 등은 다양한 각도에서 논리적으로 사고하지 않으면 보다 나은 해결책이 나오지 않습니다. '바람이 불면 나무통 장수가 돈 번다'(무슨 일이 일어나면 돌고 돌아 뜻하지 않은 데에 영향이 미친다는 의미다 - 옮긴이)는 식의 단순한 발상으로는 도저히 맞서 싸울 수가 없습니다.

생각하는 힘이 있는 사람은 그 사람 나름의 가치관을 중심축으로 갖고 있습니다. 중심축인 만큼 당연히 흔들리면 안 됩니다. 지구가 자전할 때, 지축의 기울기는 공전 면에 약 23.4도 기울어져 있는데, 이 기울기가 몇 도만 어긋나도 지구는 지금처럼 돌지 않습니다. 그와 마찬가지로 제대로 논리적인 사고를 하려면 가치관의 중심축이 확고하게 자리 잡고 있어야 합니다.

정치사상의 입장으로 자유주의가 좋은가, 공동체주의가 좋은가? 딱히 어느 것이 좋고 어느 것이 나쁠 건 없습니다. 단, 내가 왜 자유주의 입장인가, 혹은 공동체주의의 입장인가에 대하여 논리적으로 사고하는 자세가 중요합니다.

언제나 감각적으로, 임기응변식으로 대응해가면 더 나은 대답은 도출되지 않습니다. 업무적으로 잘 풀리지 않는 경우가 생기면, 그 이유를 찬찬히 생각해보지 않으면 진정한 문제 해결은 불가능합니다. 요즘 사람들이 논리적으로 사고하는 힘이 약해졌다면, 그 이유는 단지 독서량이 줄어들었기 때문만이 아니라 매뉴얼적인 감각이 만연하는 영향도 있다고 봅니다.

시험과 마찬가지로 일에서나 인생에서나 해답이 준비되어 있다, 그 해답을 얼마나 많이 갖고 있느냐에 따라 잘 풀리느냐 아니냐가 결정된다, 그런 생각을 가진 사람이 꽤 많은 게 아닐까요. 그러나 일하는 방식에서나 인생에서나 정답이 있는 게 아닙니다.

스스로 좋다고 생각하는 것을 그때그때 찾아내어 행동해나갈 수밖에 없습니다. 그때그때 좋은 답을 이끌어내기 위해서는 철저하게 사고하는 힘이 갖춰져 있어야 합니다.

생각하는 힘이 저하되는 원인에는 인터넷의 영향도 다분합니다. 인터넷에 흘러넘치는 정보나 트위터 같은 SNS를 자주 보면, 정보를 수동적으로 얻는 습관만 배어 그것의 내용이나 질을 의심하는 과정이 사라지게 됩니다.

논리적으로 생각하는 힘을 키우는 데에는 독서가 더없이 효과적인 방법입니다. 사고력을 키우기 위해 철학서 같은 딱딱한 책을 읽을 필요는 없습니다. 소설이라도 이 주인공이 왜 이런 행동을 취했을까? 저자는 이런 이야기를 써서 무엇을 전달하고 싶을까? 그런 생각들을 하게 해줍니다. 경제서도 저자가 주장하는 논리가 올바른가? 지금 시대에 맞는가? 여러 가지 점을 생각하며 읽을 수 있습니다.

책은 '왜?', '어째서?'라고 생각하면서 읽으면 그만큼 사고하는 힘이 연마됩니다. 생각하는 힘은 살아가는 힘으로 직결됩니다. 그것은 다른 무엇보다 독서를 통해 가장 잘 키워집니다.

'생각하며 읽기'를 의식한 계기

 매사를 논리적으로 생각하는 것은 인간이 보다 잘 살아가는 데 꼭 필요한 태도입니다. 그 힘을 좀 더 단련시켜주는 것은, 반복되는 말이지만, 독서라고 생각합니다. 그러나 막연히 책만 읽는다고 매사를 논리적으로 생각하는 힘이 저절로 길러지지는 않습니다. 예를 들어 글로벌 자본주의를 논한 책을 읽을 때 저자가 하는 말을 그저 수동적으로 받아들이느냐, 군데군데 멈춰서 생각하느냐에 따라 그 의미가 완전히 달라집니다.

 저자가 여기에서 하는 말은 무엇일까? 그것은 과연 옳은가? 현상 분석은 예리하지만, 10년 후의 세상에서도 같은 주장을 할 수 있을까? 신흥국에는 저자의 추측을 적용할 수 있지만, 성장률이

둔화된 선진국에도 들어맞는다고 할 수 있을까······. 그런 생각을 하며 읽는 사람은 책에서 얻는 지식이 상당히 깊어질 테고, 논리적으로 사고하는 힘도 틀림없이 길러집니다.

내가 '생각하며 읽기'를 명확히 의식하게 된 계기는 미국 주재 시절 〈일본경제신문〉으로부터 시카고 곡물거래소 시황市況이나 미국의 농업 현황에 관해 정기적인 기사를 써달라는 부탁을 받은 것이었습니다.

원고를 쓸 때는 실제 지역 조사에서 얻은 정보, 자료나 책에서 얻은 지식을 정리하고 내 생각을 독자에게 알기 쉽게 전달하려면 어떤 방식으로 이야기를 풀어나가야 할까 하는 궁리가 필요합니다. 원고 구성, 문장 스타일, 흐름과 리듬, 강조해야 할 점 등 머릿속에 입력된 자료들을 문장으로 다듬는 작업에는 매우 논리적인 사고가 요구됩니다. 글로 많은 사람에게 내 의견이나 사고를 전달하고 이해를 얻기 위해서는 깊이 생각하며 책을 읽고 자료를 분석하는 태도가 아주 중요하다고 그때 실감했습니다.

미국에서 9년간 머무는 동안 나는 직접 차를 운전해 현지 농장을 돌아보고, 곡물 메이저나 기상 관계자들과 친분을 쌓는 등 독자적인 스타일로 생생한 정보를 얻는 데 주력했습니다. 그런 노력을 바탕으로 한 곡물시장 분석·예측이 관계자들에게 좋은 평가를 받았는지, NBC 방송에서 내 의견을 들으러 취재를 나온 적도 있습니다. 또한 귀국 후에는 미국에서의 실적에 흥미가 끌렸는지 업계 관련지에 「미국 농업 소사小史」, 「미국 농업 풍토기」를 연재해달라는 요청은 물론이고 강연회 의뢰도 밀려들었습니다.

'생각하며 읽기'를 거듭하며 매사를 논리적으로 생각하는 습관이 없었다면, 이런 일들은 실현될 수 없었을 겁니다.

역사서에서 인간의 본질을 배운다

나는 역사서를 좋아해서 일본뿐 아니라 외국의 역사서도 자주 읽습니다. 그중에서 특히 즐겨 읽었던 책은 역사가나 작가가 쓴 '히즈 스토리His-Story'가 아니라 논픽션처럼 사실에 의거한 '스토리Story'입니다. 나는 철저한 현장주의자라 저자의 각색이 들어간 글보다는 손때가 별로 묻지 않은 오리지널 정보에 더 강하게 끌리는 것 같습니다. 사료史料 성격이 짙은 책에는 그 행간을 나의 상상력과 사고로 메워가는 즐거움이 있습니다.

미국 주재 시절에는 콩과 곡물을 취급하는 부서에 소속되어 미국의 농업을 비롯해 역사, 정치, 산업과 관련된 책을 가능한 한 많이 읽으려 했습니다. 그중에서도 유달리 재미있었던 책은 『미

국의 농업 : 다큐멘터리 역사Agriculture in the United States: A Documentary History』라는 미국의 농업 역사를 정리한 총 4권짜리의 4,000쪽 정도 되는 대형 저서입니다.

유럽에서 바다를 건너 신천지로 찾아와 훗날 '세계의 식량 창고'라 불리는 토지를 개척해낸 사람들이 어떤 마음을 품었고 도탄의 고생을 맛보았는지 흥미진진하게 책장을 넘겨갔는데, 그것은 기대를 넘어서는 내용이었습니다. 옛 생활상이나 원주민과의 조우, 야수의 공격을 받으면서도 꾸준히 개척해나가는 모습을 극명하게 묘사해냈습니다. 농지를 개척하러 중서부로 떠난 사람들이 가족과 주고받은 편지도 실려 있습니다. 개척 후 유럽에서 도로채권이나 철도채권을 발행하여 자금을 조달하고, 철도를 놓거나 도로를 뚫는 기록도 남아 있습니다. 행간에서 미국이라는 나라의 토대를 만든 사람들의 숨결이 생생하게 느껴져서 최고 엔터테인먼트에 버금가는 박진감과 재미가 있었습니다.

중간관리자가 된 30대 즈음에 읽은 경제평론가 다카하시 가메키치(1891~1977)의 『다이쇼·쇼와 재계변동사』·『일본근대경제형성사』·『일본근대경제발달사』(각 전3권), 『쇼와 금융공황사』 등 일본 경제사와 관련된 저작들도 대단히 큰 공부가 되었습니다.

다카하시 가메키치는 이시바시 단잔(1884~1973)이 주간을 역임한 동양경제신보사에서 편집장이었던 민간 경제학의 개척자입니다. 수면 시간을 줄여가며 그의 저작을 독파한 덕분에 일본 경제가 메이지·다이쇼·쇼와 시대에 어떻게 발전해왔는지 손에 잡힐 듯이 알게 되었습니다. 다카하시 가메키치는 역사적 사실에 최대한 충실하게 데이터와 현상들을 추려냅니다. 그 생생한 필치가 독자의 상상력을 더욱 자극하는 것입니다.

꽤 오래전 시대를 다룬 일본의 역사서를 읽으면, 현대의 일본인과 옛 선조는 인간으로서 상당히 다른 점이 있다는 걸 알게 되어 매우 흥미롭습니다. 인간의 존재 양상은 그때그때의 사회 상황이나 문화, 관습에 따라 변해갑니다. 만약 현대의 일본인이 타임머신을 타고 과거로 날아가 에도 시대의 일본인, 무로마치 시대의 일본인, 아스카 시대의 일본인을 만난다면 틀림없이 '이 사람이 나랑 같은 일본인인가?'라는 의구심이 들 것입니다.

최근에는 일본의 중세에 관심이 많아져서 『중세 민중의 생활 문화』(요코이 기요시) 등 그와 관련된 책을 자주 읽습니다. 그러다 보니 기아 상태에 빠진 부모가 자기가 살아남기 위해 어린 자식을 강에 흘려보내 죽인다는 이야기와 맞닥뜨리기도 합니다. 부모가 살아남으면 자식은 다시 낳을 수 있다는 생각이었을지 모르지만, 그런 짓을 할 수밖에 없는 경제 상황이었겠죠.

요즘 사람들은 부모가 희생하여 자식을 살리는 이야기라면 감동할 테지만, 그 당시는 분명 그런 듣기 좋은 말로는 살아남을 수 없는 열악한 환경이었을 겁니다. 자식을 보물처럼 소중하게 여기는 현대인의 가치관으로는 도저히 이해되지 않는 감각입니다. 인권이나 생명의 존엄성 같은 가치관은 근대 이후에 생겨난 하나의 개념이자 사상에 불과하다는 것을 깨달았습니다.

그러나 인간이란 본래 그렇게 잔혹한 일도 저질러버리는 존재임을 우리는 역사나 전쟁을 다룬 책을 펼쳐봄으로써 배울 수 있습니다. 역사서에 묘사된 인간의 모습은 종종 현대인의 감각이나 상식을 훌쩍 넘어섭니다. 그로부터 인간이란 어떤 생물인가에 대한 깊은 통찰과 이해가 얻어지는 것입니다.

소설로 '생각하는 힘'을 키우자

 소설이라고 하면, 작가의 머릿속에서 만들어진 픽션이며 현실과는 상당히 동떨어져 있다고 생각하는 사람도 있습니다. 그러나 소설은 꼭 사소설이 아니더라도 작가의 실제 체험이 상당히 많이 반영되어서 쓰이는 장르입니다.

 언젠가 작가 와타나베 준이치 씨(1933~2014)가 농담 투로, 절반은 소설 소재로 쓸 심산이었겠지만 "니와 씨, 여러 아가씨랑 사귀고 싶어요?"라고 질문한 적이 있습니다. 내가 "그러고 싶지 않은 남성은 좀처럼 없지 않을까요?"라고 대답하자 "진심입니까?"라며 진지한 표정으로 되물었습니다. "진심이냐는 게 무슨 뜻이죠?"라고 내가 묻자 "돈이 꽤 많이 들어요"라며 구체적인 금액을 얘기했습니다. 내가 농담처럼 "회사 돈이면 가능할지 모르겠지만, 난 그렇게는 못 써요"라고 대답하자 "그럼 포기하는 게 좋아요"라며 웃었습니다.

그때 와타나베 준이치 씨는 "내가 쓰는 소설은 모두 나 자신의 체험이 바탕이 됩니다. 모든 게 픽션이 아니라 여성과 놀러 다닌 체험을 중심으로 해서 소설이라는 이름을 빌려 표현하는 거죠"라고 말했습니다. 따라서 영화로도 만들어지고 베스트셀러가 되었던 『실낙원』에 등장하는 불륜 커플, 헤어지려 해도 도저히 헤어질 수 없어서 동반자살을 하는 이야기는 아마도 와타나베 씨

자신이 실제로 체험한 것을 바탕으로 쓴 이야기일 거라 생각합니다.

설령 뜬구름 잡는 허황된 이야기 같은 내용이라도 소설에는 작가의 체험이 어딘가에 투영되어 있습니다. 체험에는 그 사람이 살아온 시대나 사회 상황이 배어나옵니다. 그것을 알아채서 음미하고 상상하는 것도 소설을 읽는 즐거움이 아닐까요. 도스토예프스키나 톨스토이만 해도 그 작품에는 그들이 살아온 시대가 짙게 묘사되어 있습니다. 그로부터 당시 유럽 사람들의 생활이 얼마나 빈곤했는지, 사람들이 어떤 생각을 품고 살았는지, 사회가 어떤 상황에 처해 있었는지 추측할 수 있습니다.

소설을 현실과는 별로 관계없는 픽션으로 치부하지 않고, 그로부터 인간이 어떤 생각을 하고 행동을 하는 생물인가, 역사는 어떻게 만들어졌는가 하는 점들을 배웁니다. 이렇듯 '생각하는 독서'를 통해 얻을 수 있는 이점들은 크게 달라지게 마련입니다.

같은 소설이라도 시바 료타로(1923~1996)처럼 역사를 소재로 삼는 역사소설이라는 장르가 있습니다. 시바 료타로는 가쓰 가이슈(1823~1899)나 사이고 다카모리(1828~1877) 같은 인물을 다룰 때, 그들과 연관된 막대한 사료와 책을 오랜 시간 동안 모았다고 합니다. 그것들을 철저하게 읽어나가면서 자기가 생각하는 인간상을 만들어내는 것입니다. 거기에는 당연히 저자의 자의적인 소망이나 이상, 이미지가 들어가기 때문에 역사소설은 사실史實과 픽션이 뒤섞여 있다고 말할 수 있습니다.

독자는 작가가 역사상의 인물을 어떻게 만들어냈는지, 그 발상과 창의력을 즐깁니다. 책에는 이런 식으로 묘사되어 있는데, 정말 그럴까? 혹은 이런 느낌으로 스토리를 만드는 게 더 낫지 않았을까? 이런저런 생각들이 뒤얽힙니다. 그러다 보면 작가가 제공해준 인물상이나 스토리를 계기로 그 인물이나 시대를 보다 자세히 알고 싶어져서 연관된 책을 읽어보고 싶은 마음도 생깁니다. 이것 또한 역사소설을 읽는 즐거움이며, '생각하는 독서'가 될 수 있습니다.

독서의 효과 중 하나는 '생각하는 힘'을 키울 수 있다는 점인데, 그것을 가능케 하는 것은 정치나 경제, 사상 같은 사회과학 계열의 책에만 한정되지 않습니다. 소설이라는 픽션, 창작의 세계에서도 얼마든지 '생각하는 독서'를 할 수 있습니다.

이론서만으로 싱글 플레이어

'배우기보다 익숙해져라'라는 말이 있습니다. 사람이나 책에서 배우기보다는 연습이나 경험을 거듭해서 몸으로 익혀야 확실하게 내 것이 된다는 의미입니다.

장인의 세계에서 새내기는 선배의 동작을 어깨너머로 스스로 배우는 전통이 있습니다. 선배는 새내기에게 찬찬히 자상하게 설명하며 가르치지 않습니다. 그러나 그렇게 가르치는 방법이 과연 효율적이냐고 한다면, 꼭 그런 건 아니라고 생각합니다. 역시 어느 정도는 말로 명확하게 설명해서 가르치는 방법이 실력을 빨리 키우는 포인트임에 틀림없습니다. 초밥 달인의 세계에서 어엿한 한 사람 몫을 하려면, '밥 짓는 데 3년, 밥 쥐는 데 8년'이라는 말이 통용되는데, 최근에는 불과 2~3개월 만에 초밥을 쥘 수 있도록 초밥 달인을 양성하는 학원도 있습니다. 해외의 일식 유행 흐름까지 거들어서 해외에 나가 초밥을 만들려는 젊은이가 많아졌는지 그런 학원이 성황이라고 합니다.

물론 어느 정도의 기술을 배우는 것뿐이라면, 2~3개월이면 충분하겠지요. 당연히 고급 초밥집에서 일하며 몸에 익히는 섬세한 기술이나 손님을 대하는 마음가짐, 인내심 같은 요소는 몇 개월짜리 과정으로 배울 수 없겠지만, 손님 앞에 나가 평범한 초밥을 만들 수는 있습니다. 미슐랭 가이드에서 별을 받은 어느 유명한 초밥집에서는 가게에 들어온 지 3년째에 겨우 계란말이를 만들도록 허락해준다고 하니, 그 차이는 과연 뭘까 하는 생각을 하지 않을 수 없습니다.

다시 말해 '배우기'보다 '익숙해져라'에 중점이 너무 치우쳐서 '배우는' 기회가 적어져버립니다. 그렇지만 역시 '배우는' 쪽에도 제대로 관심을 가져야 습득 속도가 빨라지지 않을까요.

나도 '배우는' 것이 실력 향상의 지름길임을 직접 체험했습니다. 일찍이 독서로 골프 싱글 플레이어가 된 경험이 있기 때문입니다. 거짓말 같다고 미심쩍어할지도 모르지만, 사실입니다. 골프는 이론으로 배우는 부분이 많은 스포츠이기 때문입니다.

젊은 시절에 골프는 아버지의 오락거리 정도라고 여겼는데, 미국 주재 시절에 처음 골프채를 잡은 후 그 매력에 푹 빠져버렸습니다. 그런데 아무리 열심히 연습해도 좀처럼 실력이 나아지지 않았습니다. 레슨프로에게 배워도 좀처럼 요령을 터득할 수 없었습니다. 귀국한 후에는 중간관리자로 가장 바쁜 시절을 보냈기 때문에 골프장에 갈 시간도 거의 없었습니다. 그래서 책으로 골프 기술을 연마해야겠다고 마음먹었습니다.

골프는 최종적으로는 몸으로 익히는 운동이지만, 주의해야 할 포인트를 머릿속에 확실하게 넣어두지 않으면 좀처럼 실력이 늘지 않습니다. 그래서 연습으로 몸에 익히지 않고, 일단은 이론부터 머릿속에 채워 넣기로 한 것입니다.

이 발상의 전환은 정확하게 들어맞았습니다. 책을 열 권쯤 읽었을 때, 그 효과가 눈에 띄게 나타나기 시작했습니다. 그립 잡는 법, 팔 동작, 허리 꼬임, 양발과 양어깨 라인, 볼을 때리는 타이밍 등 이론에 맞춰서 공을 치는 시도를 하는 사이에 요령도 깨닫게 되었습니다.

오자키 마사시나 아오키 이사오 같은 톱프로들이 쓴 책도 이것저것 읽었지만, 별로 큰 도움은 되지 않았습니다. 아마추어와 프로는 신체조건이 전혀 다르기 때문입니다. 프로급으로 단련하려면 몰라도 몸을 쓰는 수준이 너무 높아서 아마추어로서는 프로의 실력 향상 방법을 따라 하기 힘들었습니다.

싱글골퍼가 되기까지 엄청나게 많이 연습하셨겠어요? 이런 질문을 받습니다. 그러나 연습은 별로 하지 않았습니다. 하루 일과인 아침 산책 때 5번 아이언을 들고 걸으며 공원에서 가볍게 스윙해보는 정도였습니다.

주말이 되어 가끔 골프장에 갈 때면 스코어는 신경 쓰지 않고, 오늘은 어프로치 이론을 실천해보자는 식으로 주제를 정해놓고 연습했습니다. 실제로도 그렇게 되는지 시험해본 것입니다. 시간을 들여 그런 연습을 반복하는 사이, 나 자신조차 놀랄 정도로 실력이 향상되었고 스코어도 쑥쑥 좋아졌습니다. 그리고 골프를 시작한 지 18년 만에 싱글 플레이어가 되었습니다.

회사 선배 중에 골프장에서 자기 차례가 되면 반드시 "잠깐만"이라며 메모지를 꺼내는 사람이 있습니다. 메모지에 공을 칠 때 주의해야 할 사항 몇 가지가 적혀 있어서 그것을 확인하는 겁니다. 그런 행동을 하면 시간이 걸려서 다음 차례인 사람을 기다리게 만들지만, 본인은 그런 걸 전혀 개의치 않습니다. 그런 감각의 차이가 어이없지만, 이론을 머릿속에 넣은 후에 기술을 습득하지 않았기 때문에 그런 볼썽사나운 행동을 하는 것입니다.

이제는 나이가 많이 들어 골프채를 쥘 기회도 거의 없습니다. 그렇지만 연습장에 다니지 않고 이론서만 읽어서 싱글이 된 경험은 내게 큰 자산입니다. 대부분의 골퍼들은, 골프는 물론 이론도 중요하지만 열심히 연습해야 한다고 굳게 믿고 있습니다. 그런 사람들에게 언젠가 『연습 없이 싱글 플레이어가 되는 법』이라는 책을 써주고 싶은 생각도 듭니다.

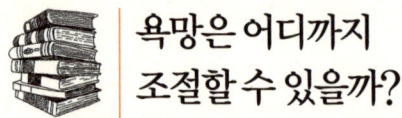
욕망은 어디까지 조절할 수 있을까?

영양을 섭취하지 않으면 살아갈 수 없듯이 마음에도 영양이 필요합니다. 그런 영양이 되는 것이 바로 독서입니다. 마음에 영양이 부족하면 인간의 내면에 있는 '동물의 피'가 들끓기 시작합니다. 시기, 심술, 증오, 분노, 이기심, 자포자기, 폭력적인 행동 등 마치 정글의 짐승들처럼 잇달아 표출되는 '동물의 피'는 부정적인 감정들을 만들어냅니다.

신문 3면에 실린 기사나 주간지 기사는 대부분 이런 '동물의 피'가 야기한 사건이나 스캔들로 채워져 있습니다. 300만 년 전에 원숭이에서 진화된 유인원이 등장했고, 70만 년 전에는 원인原人이 출현했으며, 지금의 현생 인류가 된 시점은 10만 년 전입니다. 그동안 '동물의 피'는 줄기차게 이어지며 계승되었습니다. 그런 '동물의 피'를 억제하고 조절하는 '이성의 피'는 고작해야 인류 문명이 발상된 4,000~5,000년 전에 탄생했습니다.

그러한 시간의 척도를 보면, 인간에게는 '이성의 피'보다 '동물의 피'가 압도적으로 짙고 강렬한 게 분명합니다. 그렇기 때문에 인간은 '이성의 피'로 자기를 조절해야 합니다. 그러지 않으면 곧바로 '동물의 피'가 들끓기 시작합니다. 스트레스가 쌓여 짜증이

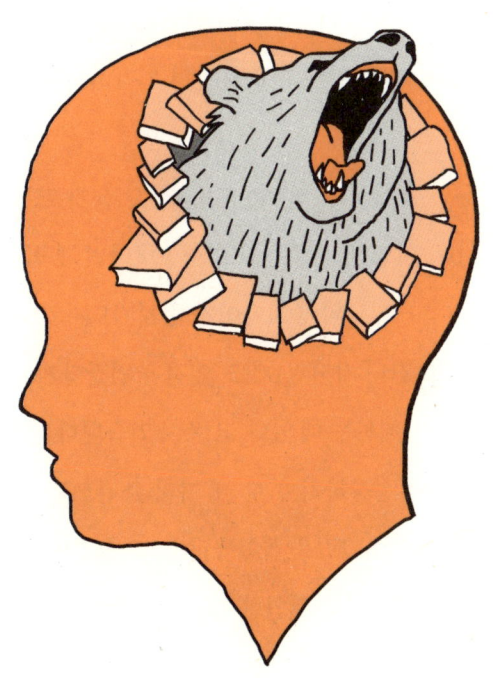

나거나 대수롭지 않은 일인데도 화풀이로 부하직원을 호되게 야단치고, 자기보다 출세가 빠른 경쟁자가 미워서 사내에 나쁜 소문을 퍼뜨리는 행위들은 모두 '동물의 피'가 시키는 짓입니다.

또한 극한상황에 내몰린 인간은 '동물의 피'가 더욱 강해집니다. 정글에서 죽을 고비에 처한 병사가 동료의 사체를 먹었다는 이야기는 사실입니다. 윤리적으로는 큰 문제가 되겠지만, 전쟁은 그야말로 '동물의 피'를 가장 거세게 부채질하는 상황입니다. 전쟁이 야기한 헤아릴 수 없을 정도로 많은 비극을 보면 인간의 마음이 얼마나 약한지, 그리고 그것을 단련하기가 얼마나 어려운지 알 수 있습니다. 따라서 그 점을 충분히 자각하면서 마음을 연마해야 합니다.

현생 인류인 호모 사피엔스는 라틴어로 '슬기로운 사람'이라는 의미입니다. 현명한 이성을 갖고 행동하려면 '동물의 피'를 억제시켜야 합니다. 인도의 종교가이자 정치지도자인 마하트마 간디(1869~1948)의 『간디 자서전』에도 '인간을 인간답게 하는 조건은 자신의 의사를 억제하는 데 있다'고 쓰여 있습니다.

간디는 인간이 성장하기 위한 세 가지 조건으로 ①신체 단련, ②지식 단련, ③정신 단련을 꼽았습니다. 그 유명한 비폭력·불복종 운동은 간디가 단련된 강인한 정신의 소유자였기에 가능했음을 새삼 깨닫게 됩니다. '현자賢者는 역사에서 배우고, 우자愚者는 경험에서 배운다'고 하는데, 나는 조금 이상하다는 생각이 듭니다. 역사가 되풀이되는 양상을 보면, 역사에서 배우는 것은 현자에게도 어려운 일이 아닐까요. 나는 '현자는 스스로 자제하고, 우자는 제멋대로 한다'고 바꿔 말하고 싶습니다.

요컨대 진정한 현자는 자기 욕망을 조절하는 자제력을 갖추고 있는 사람이라고 생각합니다. '동물의 피'를 조절하는 '이성의 피'를 짙게 하려면 마음을 단련하는 수밖에 없습니다. 그러기 위해서는 독서를 통해 가능한 한 많은 영양분을 마음에 심고, 일을 하거나 여러 사람과 교제하면서 많은 것을 진지하게 배우려는 자세가 불가결합니다.

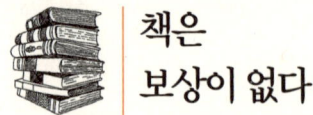
책은 보상이 없다

　이 책을 읽으면 멋있어 보인다, 이것을 읽으면 돈을 벌 수 있다 - 독서는 본래 이러한 효용을 목적으로 삼는 게 아니라고 생각합니다. 일 때문에 필요에 의해 읽게 되는 경우는 있지만, 기본적으로는 이걸 읽으면 이러이러한 이득이 있다는 식으로 계산하고 읽는 건 아닙니다. 독서는 마음의 풍요와 정신적인 만족을 추구하는, 보상 없는 행위입니다. 어떤 보상을 바라고 공리적으로 책을 읽는 것은 독서의 가치를 저하시키며, 저자에게도 실례라고 생각합니다.

　순수한 호기심에서 책을 들거나 재미있을 것 같아서 읽는다. 그 결과 상상력이 풍부해지고 감수성이 연마되기도 한다. 효용이란 먼저 요구되는 것이 아니라 어디까지나 결과적으로 따라오는 것입니다. 오늘날에는 결과가 전부라는 결과지상주의가 널리 통용되고 있지만, 당연히 과정 역시 매우 중요합니다. 애당초 과정을 중시하지 않으면, 정말로 좋은 결과는 나오지 않습니다.

시각장애가 있는데도 국제 콩쿠르에서 우승하며 세계적으로 맹활약하고 있는 피아니스트 쓰지이 노부유키 씨(1988~)를 만나 본 적이 있습니다. 연주회 직후라 "그토록 열연했으니 피곤하겠어요"라고 물었더니 "아뇨, 전혀 피곤하지 않아요. 즐거우니까요"라는 대답이 돌아왔습니다.

연습이든 본무대든 쓰지이 씨에게는 피아노를 치는 행위 자체가 한없이 즐거운 것입니다. "음악을 듣다 보니 자연스럽게 피아노를 치기 시작했다"는 쓰지이 씨는 연습을 괴롭다고 느낀 적이 지금껏 한 번도 없었다고 합니다. 어디까지나 즐거워서 하는 것이지 노력하려는 감각은 없다고 합니다.

메이저리그의 이치로 선수(1973~)는 프로야구 역사에 길이 남을 대기록을 잇달아 세웠지만, 그가 기록만을 목표 삼아 매일같이 연습에 매진한 건 아닙니다. 야구를 통해 운동선수의 가능성을 어느 수준까지 추구할 수 있는가, 그 한 가지에 집중하고 있다고 생각합니다. 그렇게 매일 꾸준히 연습하며 경기를 거듭한 결과, 위대한 기록이 달성되는 거겠죠. 만약 이치로 선수가 기록이나 큰 보상만을 목적으로 야구를 했다면, 분명 그렇게 위대한 선수는 되지 못했을 겁니다.

그와 마찬가지로 독서도 어떤 효용만 목적으로 삼으면 진정으로 좋은 것을 흡수할 수 없습니다. 즐거워서 읽는다. 설레어서 읽는다. 마음이 풍요로워져서 읽는다. 이런 마음으로 읽기 때문에 책이 좋은 것입니다. 독서는 보상이 없는 행위이기에 더없이 소중한 가치를 갖는 것입니다.

제4장

책을 읽지 않는 날은 없다

책을 읽지 않으면 잠이 오지 않는다

가령 하루에 30분씩 책을 읽는다고 합시다. 그것을 매일같이 습관으로 삼아 10년 동안 계속하면 1,800시간이니 상당한 양의 책을 읽을 게 틀림없습니다. 30년을 계속하면 5,400시간. 하루에 고작 30분이지만 전혀 안 읽는 사람과 비교하면 알고 있는 지식에서도 엄청난 차이가 나고, 인간의 폭이나 인생의 풍요로움이라는 측면에서도 매우 달라질 게 분명합니다.

독서는 저자와의 대화이므로 그것을 습관화하면 다양한 사람을 매일 만나게 되는 셈입니다. 그것이 몇십 년간 계속되면 엄청난 인원수가 됩니다. 그러다 보면 깊이 있는 대화도 무수히 생기겠지요.

아무리 바쁜 사람이라도 마음만 먹으면 하루에 30분 정도의 시간은 낼 수 있습니다. 이동하는 전철 안에서도 책은 읽을 수 있고, 집에서 멍하니 텔레비전을 보거나 스마트폰을 만지작거리는 시간을 조금만 줄이면 30분 정도의 시간은 얼마든지 낼 수 있습니다.

나는 40년이 넘도록 밤마다 잠자리에 들기 전에 하루도 빠짐없이 30분 이상 독서를 해왔습니다. 재미있는 책은 이튿날 아침 일찍 나가야 하는데도 무심코 한밤중까지 읽어버리는 경우가 자주 있습니다. 술을 마시고 늦게 들어와도 책은 꼭 읽습니다. "술에 취해서도 용케 책을 읽으시네요?"라고 말하는 사람도 있겠지만, 습관으로 굳어서 술에 취해도 책을 읽지 않으면 잠이 오지 않습니다. 정신을 차려보면 어느새 잠이 들어버린 적도 있지만, 그 습관이 끊긴 적은 단 하루도 없습니다.

집을 구할 때는 독서 시간을 최대한 많이 만들기 위해 일부러 전철 종착역이 있는 교외를 선택했습니다. 부동산에서 이상한 사람으로 보기도 했지만, 출발역부터 앉아서 회사에 다니면 상당한 시간 동안 책을 읽을 수 있습니다.

전에는 1주일에 세 권 정도의 비율로 연간 약 150권의 책을 읽었습니다. 지금은 속도가 느려졌지만, 살아 있는 한 최선을 다해 많은 책을 읽고 싶습니다. 내게 남아 있는 시간을 감안하면 그리 많이 읽지는 못할 테니, 요즘은 정말로 읽고 싶은 책만 골라 읽습니다.

어릴 때부터 책 읽는 습관을 들이지 못해서 어른이 된 지금도 거의 읽지 않는다는 사람도 지금부터 독서 습관을 기르려고 마음먹으면 안 될 건 없다고 생각합니다. 하루 15분이라도 좋으니 자기에게 임무를 부여하고 읽기 시작해서 꾸준히 이어나가면 좋겠죠.

개중에는 읽고 싶은 책이 뭔지 잘 모르겠다는 사람이 있을지도 모릅니다. 그러나 누구에게나 호기심은 있게 마련입니다. 어른이 되면서 호기심을 잃어가는 사람도 있지만, 그런 사람이라도 마음속 어딘가에 자기 자신을 향상시키고 싶은 마음은 있을 겁니다. 호기심이 있는 한, 서점에 가면 반드시 읽고 싶은 책을 찾을 수 있습니다. 그리고 일단 책을 읽기 시작하면 호기심은 점점 더 왕성해집니다.

예전에 사원연수 때 과제도서를 정해주고 감상문을 제출시키는 회사가 있다는 이야기를 들은 적이 있는데, 그런 건 아무런 의미가 없다고 생각합니다. 책은 남이 강요해서 읽는 게 아닙니다. 관심 있는 책을 스스로 골라서 읽지 않으면 내용이 머릿속에 들어올 리 없고, 책을 읽는 즐거움도 알 수 없습니다.

책은 음식과 같습니다. 음식이 맛있으면 얼마든지 더 먹고 싶지만, 싫어하는 음식을 내놓으면 식욕이 생기지 않습니다. 따라서 자기가 직접 재미있을 것 같은 책을 찾아 읽는다, 그것이 독서의 기본이라고 생각합니다.

머리에 남는
노트 활용법

취재를 받을 때 가끔 "늘 곁에 두고 읽는 책이 있습니까?"라는 질문을 받습니다. 그러나 나에게 그런 책은 없습니다. 없다고 대답하면 "그토록 책을 좋아하신다고 했으니 그와 비슷한 책, 예를 들면 아주 소중히 간직하는 책이 한 권쯤은 있겠죠?"라고 다그쳐 묻는 경우도 있는데, 정말로 없습니다. 재미있는 책은 얼마든지 많고 다시 읽는 경우도 있지만, 대여섯 번을 되풀이해서 읽는 일은 일단 없습니다.

재미있다고 생각하거나 감동적이라고 느끼는 책도 그때그때 달라집니다. 나이나 입장이 달라지면 그것은 당연한 결과일 겁니다. 그래서 내게 '늘 곁에 두고 읽는 책'처럼 평생토록 영향을 주는 책은 없습니다.

또한 나는 책을 읽으면서 마음에 와닿는 부분, 다시 말해 인상적인 말이나 흥미로운 데이터 등은 줄을 치거나 붙임쪽지를 붙이거나 여백에 메모를 합니다. 그리고 책을 다 읽은 후에는 줄 친 부분과 메모를 다시 한 번 읽어봅니다. 그중에서 '이건 중요하다', '기억해둬야겠다'고 생각한 내용은 노트에 베껴 씁니다.

나는 중학생 시절에 한동안 신문 기사에서 정치나 경제의 흥미로운 헤드라인을 매일같이 베껴 썼습니다. 그것을 나중에 다시 읽어보면 머릿속에 이미지가 만들어져서 정치나 경제에 관한 호기심과 상상력이 넓어졌던 것 같습니다. 기억해두고 싶은 내용은 노트에 적어둔다, 이런 습관이 어릴 때부터 몸에 배어 있어서 사회인이 된 후에 되살아난 느낌이 듭니다. 중요하다고 생각하는 부분에 밑줄을 긋는 사람은 적지 않지만, 대부분은 밑줄을 긋는 정도에서 끝나지 않을까요? 밑줄 친 부분을 되풀이해 읽으면 그나마 낫지만, 그냥 긋는 걸로 끝나면 자기만족에 불과합니다.

'그 책에 분명히 이런 좋은 글이 쓰여 있었는데' 하며 막상 책을 펼쳐도 그 부분을 찾아내는 경우는 드물 겁니다. 아니, 그보다 어느 책에서 본 내용인지 잊어버리는 경우도 많습니다. 그래서 나는 잊어버리지 않기 위해 밑줄 친 내용의 대부분을 나중에 반드시 노트에 베껴 씁니다. 인간은 금세 잊어버리는 생물이기에 이런 과정이 필요합니다.

아내가 "어떻게 이렇게 작은 글씨로 베껴 썼나 몰라"라며 감탄한 적이 있는데, 어쨌거나 작은 글씨로 노트 한 면이 가득 찰 정도로 빽빽하게 써넣습니다. 노트에 베껴 쓰는 작업은 상당한 노력이 필요해서 휴일인 주말을 이용하기도 합니다.

독서를 할 때는 눈뿐만 아니라 손도 사용한다, 이것은 매우 중요합니다. 눈으로 글씨를 좇으며 머릿속에 넣는 행위만으로는 좀처럼 기억하기 어렵지만, 손을 이용해서 시간을 들여 노트에 옮겨 쓰면 머릿속에 꽤 많이 남습니다. 그렇게 베껴 쓰고 나면, 그 책은 놓을 자리가 없으면 버려도 상관없습니다.

실제로 뇌과학에서는 몸을 움직이거나 오감을 사용하면서 외우면 기억의 정착률이 크게 높아지는 게 증명되었다고 합니다. 지금까지 써온 노트를 다시 들춰보면 '30대에는 이렇게나 열정적이었구나', '40대 무렵에는 이런 걸 잘 이해하지 못했구나' 하며 나 자신을 돌아보는 계기가 됩니다. 나의 역사 같은 느낌도 듭니다.

물론 노트는 무척 실용적으로 활용됩니다. 누군가와 얘기하다가 문득 '그게 뭐였더라?'라는 의문이 들거나, 책을 읽다가 '그러고 보니 그 저자는 이 책과 정반대되는 얘기를 했는데'라는 생각이 떠올라 노트를 다시 읽어보는 경우가 있습니다. 의뢰받은 강연회에서 얘기할 내용을 구상할 때도 '그 말은 누가 했지?'라며 노트를 들척입니다.

그래서 내게는 다양한 책에서 내용을 베껴 써둔 노트가, 말하자면 유일무이하게 '늘 곁에 두고 읽는 책' 같은 역할을 합니다.

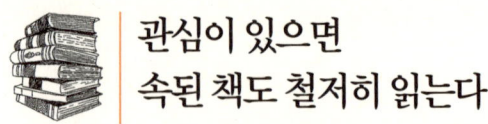
관심이 있으면
속된 책도 철저히 읽는다

어쩌다 간혹 책을 읽는 사람이 독서 습관을 기르려고 할 때 주의해야 할 점은 너무 무리하지 않아야 한다는 것입니다. 처음에는 자신의 지식이나 교양 수준에 맞는 책들 중에서 호기심을 불러일으킬 만한 책을 골라야 합니다. 난데없이 수준 높은 책을 읽어봐야 결과는 좌절뿐입니다.

운동을 예로 들어보면 한결 이해하기 쉽습니다. 야구를 갓 시작한 소년이 투수를 목표 삼아 갑자기 변화구를 배우려 한다면, 그것은 명백하게 순서가 뒤바뀐 것입니다. 처음에는 상대가 쥐고 있는 방망이에 적중할 듯이 똑바로 날아가는 공을 제대로 던지는 연습부터 철저하게 해야 합니다.

일단은 직구로 조절하는 능력을 마스터하는 게 기본입니다. 그러지도 못하면서 변화구를 배우려 들면, 몸에 이상한 습관이 붙거나 무릎과 어깨에 부상이 오는 등 좋지 못한 결과를 초래할 수 있습니다. 그때그때 수준에 맞는 연습을 거듭하며 한 발 한 발 계단을 올라가듯이 나아가야 발전할 수 있습니다.

독서도 마찬가지입니다. 예를 들어 어제까지 만화나 주간지밖에 안 읽던 사람이 오늘부터 제대로 된 책을 읽겠다며 난데없이 헤겔이나 마르크스를 읽어본들 머리만 혼란스러울 뿐입니다. 읽어도 무슨 내용인지 이해되지 않아서 10분도 지나지 않아 좌절하게 됩니다. 가벼운 에세이 혹은 추리나 관능소설에만 흥미가 끌린다면, 다른 책에는 눈길도 주지 말고 그런 책들을 철저히 읽으면 됩니다. 싫증이 날 정도로 읽다 보면 언젠가는 흥미가 다른 쪽으로 옮겨가게 마련입니다.

나는 중학생 시절부터 성인용 책을 읽었다는 얘기는 이미 앞에서도 썼습니다. 성인용이라고 하면 듣기는 좋겠지만, 말인즉슨 〈부부 생활〉 같은 성인용 잡지나 고대 로마의 시인 오비디우스가 쓴 성애 지침서 『아르스 아마토리아(사랑의 기교)』 등 고향집 서재에 꽂혀 있는 성인용 책을 부모님의 눈을 피해가며 열심히 읽었습니다.

성인의 남녀 관계란 어떤 것인가, 여성의 몸은 어떻게 되어 있는가, 실제 체험이 없기 때문에 흥미진진했던 것입니다. 그런 책들은 가끔 발매금지 처분을 당해서 경찰관이 회수하러 오기도 했습니다. 그래서 회수당하기 전에 빨리 봐야겠다는 마음으로 읽을 때도 있었습니다. 어린 나이부터 그런 책들을 정말로 열심히 읽었기 때문에 대학생 무렵에는 식상해졌고, 어느 시기부터는 그런 부류의 책을 전혀 안 읽게 되었다는 얘기도 이미 앞에서 썼습니다.

소설은 중·고등학교 시절에 '일본문학전집'이나 '세계문학전집'을 거의 독파할 정도로 고전부터 현대문학까지 탐독했습니다. 대학생이 된 후로는 톨스토이의 『안나 카레니나』와 『전쟁과 평화』 같은 작품에 깊은 감명을 받았고, 국내와 해외를 막론하고 마음이 끌리는 책은 샅샅이 찾아 두루두루 읽었습니다. 그렇게 상당한 양의 소설을 읽은 덕분인지 사회인이 되었을 무렵에는, 지금 돌이켜보면 시건방진 생각이지만, 이제 소설은 졸업해도 되겠다고 느꼈습니다.

앞으로 독서 습관을 기르고 싶은 사람은, 자기가 관심이 끌린다면 아주 속된 책이든 시시하게 여겨지는 책이든 일단은 그런 책들을 철저히 읽으면 된다고 생각합니다.

그러다 보면 언젠가는 싫증이 나서 흥미가 다른 데로 옮겨갈 때가 오겠죠.

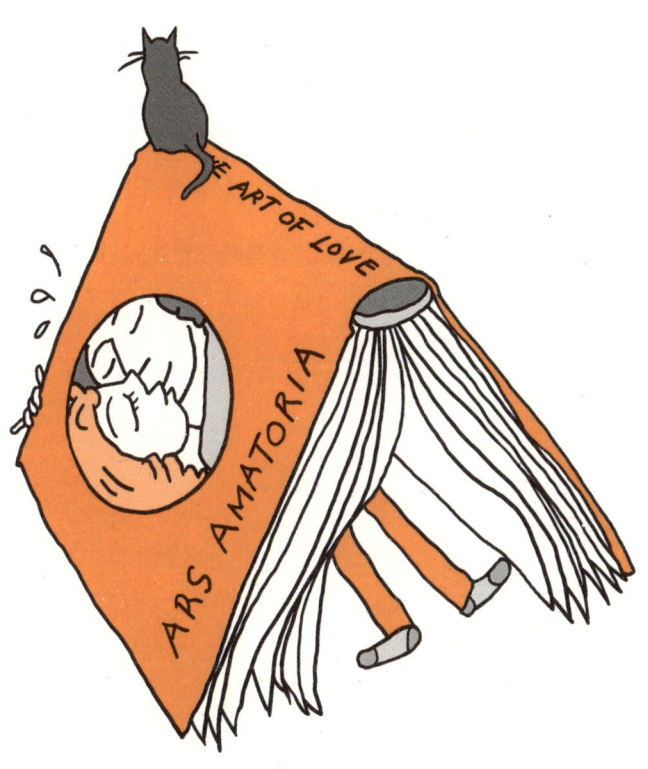

내가 요즘 읽는 책은 역사, 경제, 정치와 관련된 것이 대부분입니다. 이런 장르는 아무리 읽어도 싫증이 나지 않습니다. 그 이유는 나라는 인간과 가장 잘 맞는 분야이기 때문일 겁니다.

어떤 부류의 책이든 많이 읽다 보면, 반드시 다양한 호기심의 씨앗들이 마음속에 싹틉니다. 그리고 그 씨앗들의 싹이 자라서 지금까지 익숙지 않았던 부류의 책에도 마음이 끌리게 됩니다. 그와 동시에 독서의 폭이 넓어지고, 읽는 책의 수준도 올라갑니다. 독해력이 향상되어 읽는 속도도 빨라지겠죠. 자기가 선택한 책의 질을 간파해내는 안목도 날카로워집니다. 그야말로 나선을 그리듯 독서력이 붙어갑니다. 그것 또한 독서의 참다운 묘미입니다.

마감을 정하면 집중할 수 있다

　나는 시간이 없는데 반드시 읽어야 할 책이 있으면 빠르게 훑어보지만, 평소에는 그런 일이 거의 없습니다. 그렇다고 해서 무슨 책이나 신중하게 읽는 건 아닙니다. 신중하게 읽는다고 머릿속에 잘 들어오는 건 아니기 때문입니다. 독서에 정말로 집중할 수 있을 때는 상당히 빠른 속도로 읽기도 합니다.
　다시 말해 독서를 할 때 중요한 것은 신중하게 읽는 자세보다 얼마나 집중하느냐는 점입니다. 집중하려면 집중력을 유지할 수 있는 책을 골라 읽으면 좋겠지만, 매번 그럴 수는 없는 노릇입니다. 재미있을 것 같아서 책을 펼쳤는데, 막상 읽기 시작하니 도무지 흥미가 솟아나지 않을 수도 있습니다. 그런데도 무리해서 계속 읽어봐야 머릿속에 거의 들어오지 않습니다. 그럴 때는 일단 책을 내려놓고, 다른 책을 읽기도 합니다.

그런데 관심이 있는 내용이라도 한두 시간 내내 읽으면 피곤해지고 집중력이 흐트러지곤 합니다. 사람의 집중력에는 한계가 있다고 합니다.

재미없는 책을 무리하게 읽을 필요는 전혀 없지만, 재미있거나 즐겁다고 느껴지는 독서는 집중력을 키워줍니다. 독서는 텔레비전이나 영화를 보는 것과 달라서 상당히 능동적인 행위입니다.

집중해서 읽을 수 있는 책이 반드시 재미있는 책은 아닙니다. 강연회를 앞두고 이야깃거리가 될 만한 책을 읽어둬야 할 때도 있습니다. 그런 책은 전혀 재미있지 않습니다. 그런 경우에는 시간이 한정되어 있어서 밀도 높은 집중력으로 단숨에 읽어갑니다.

이것이 바로 '마감 효과'입니다. 작가는 편집자에게서 언제까지 원고를 써달라는 마감을 설정받기 때문에 어떻게든 그때까지 글을 쓰려고 끊임없이 노력합니다. 작가에 따라서는 마감 직전까지 좀처럼 엔진이 가동되지 않다가 마감이 코앞에 닥쳐서야 부랴부랴 쓰기 시작하는 유형도 있습니다. 어쨌거나 마감을 의식함으로써 집중력이 생기는 것입니다.

그러므로 집중력 있게 독서를 하려면 스스로 마감을 정하는 게 좋습니다. 이 경제서는 두 시간 만에 읽어야겠다, 이 장편 역사물

시리즈는 이번 달 안에 읽어야겠다, 이런 식으로 마감을 정합니다. 그렇게 하면 세월아 네월아 하고 시간만 질질 끄는 독서는 줄어들 겁니다.

사람마다 집중할 수 있는 한계는 다르지만, 자신의 집중력이 얼마나 지속되는지 대략적인 시간을 파악해두면 좋습니다. 그런 다음 '마감 효과'를 잘 활용하면 생산적인 독서를 할 수 있습니다.

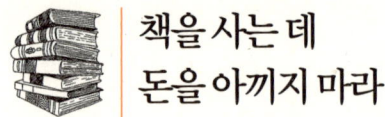# 책을 사는 데
돈을 아끼지 마라

　책은 기본적으로 자기 돈을 주고 사서 읽어야 한다고 생각합니다. 수많은 책들 중에서 선택해서 내 돈을 쓴다는 의식은, 빌리는 것과 비교할 때, 책에 대한 의욕이 달라집니다.
　내 돈을 내고 산 책은 밑줄을 쳐서 더럽히든 책장을 접든 여러 번 읽어서 손때가 묻든 자기 자유입니다. 기본적으로 아무런 제약도 없습니다. 빌려서 읽으면 밑줄을 칠 수도 없고, 깨끗이 읽어야 한다는 생각에 신경을 많이 써야 합니다.
　그런데 나는 일해서 번 돈을 모두 아내에게 줘서 은행에 예금이 얼마나 있는지도 모릅니다. 최근에 아내에게 "우리, 빚은 없나?"라고 확인했지만 '은행에 얼마나 있어?'라고 묻지는 않았습니다. "내 장례식 비용 정도는 이토추 주식으로 갖고 있어야 해요"라고 말해두긴 했습니다만…….

나는 사장으로 일하던 시절 3,950억 엔의 불량채권을 일괄 처리했을 때, 회사에 내 급여를 전액 반납했습니다. 큰 적자를 계상計上해서 무배당 상황을 만든 것에 대해 직원과 주주에게 분명한 책임을 진 셈입니다. 최고 직위에 있는 사람의 각오를 보여줌으로써 사내의 의식 개혁을 촉구하려는 속뜻도 있었습니다. 급여를 반납해도 어떻게든 생활할 수는 있겠지 했는데, 아내가 "당신, 세금은 어떻게 할 거예요? 저금한 돈으로 내려고 해도……"라며 화를 냈습니다.

하나를 보면 열을 안다고, 돈에 대해서는 이렇게 별달리 집착하지 않습니다. 평소 생활하면서 돈을 쓸 일이 별로 없기 때문에 용돈도 거의 안 씁니다. 그러나 예외적으로 책을 사는 데는 돈을 씁니다. 결혼 전에는 급여를 몽땅 책값과 술값으로 날렸을 정도입니다.

읽고 싶은 책은 아무리 비싸도 주저하지 않고 바로 삽니다. 꼭 읽고 싶은 책이 고서점에만 있고, 책값이 20만 엔 정도라고 해도 삽니다. 흥미 있는 책을 읽기 위해서라면 아무리 돈을 써도 아깝지 않습니다. 이것만은 나에게 허락된 최고의 사치라고 생각하기 때문입니다.

미국 주재원 시절 신문사에서 농업 역사와 관련된 원고 청탁을 받았을 때, 서점에 가서 미국이라는 제목이 붙은 책은 모조리 샀습니다. 비용은 2차적인 문제였습니다. 그 당시 아내에게 "밤에 술 마시고 놀러 다니는 것보다는 낫잖아"라고 말했지만, 지금도 여전히 제멋대로 철부지 행동을 하며 살아갑니다. 그러나 책을 사는 데 쓰는 돈은 나를 성장시키기 위한 투자이며, 훗날 반드시 다양한 형태로 되살아납니다.

알고 지내는 작가나 교류가 있는 출판사에서 우리 집으로 늘 많은 신간을 보내줍니다. 마음을 써서 보내준 책이지만, 나에게 남은 시간은 한정되어 있습니다. 일단은 맨 먼저 차례를 보고 '이건 뭐지?' 하는 궁금증이 생기면 그 부분을 펼쳐서 훑어보지만, 정독하는 경우는 거의 없습니다. 내가 관심 있는 분야가 아니면, 아무래도 한 권을 다 읽어내기는 어렵습니다.

그런 의미에서 보면, 무수히 많은 책들 중에서 내 지갑의 돈을 꺼내 구입한 책은 나에게 그만한 가치가 있다는 것입니다. 예를 들어 2,000엔이라는 정가가 붙은 책이라면, 어쩔 수 없이 2,000엔에 산 것이 아니라 스스로 2,000엔이라는 가치를 부여해서 샀다고 생각하는 게 옳습니다. 스스로 그만한 평가를 내리고 구입한 책이라고 생각하면, 열심히 읽고 싶어지지 않을까요.

빌린 책과 달리, 내 돈을 주고 구입한 책은 손에 들었을 때 그 무게감이 느껴질 겁니다.

책을 사서 쌓아두지 않는다

　책을 좋아하는 사람은 책을 사다 쌓아놓고 읽는 경우가 많습니다. '이 책은 재미있겠는데? 이 서적도 왠지 끌려. 조만간 휴일에 읽지 뭐.' 흥미가 끌릴 때마다 책을 사지만, 바빠서 읽지 못한 채로 한쪽에 던져둡니다. 그렇게 읽지 않는 책이 많은데도 서점에 우연히 들렀다 또다시 재미있어 보이는 책을 보면 사고 맙니다. 그런 행동을 자주 반복하는 사이, 읽지 않고 쌓아놓은 책들이 산더미가 되는 사람이 적지 않습니다.

　이런 사람은 가끔 산더미처럼 쌓인 책들을 보며, 시간이 날 때 처음부터 끝까지 집중해서 읽어버리겠다고 생각할 게 틀림없습니다. 그러나 그런 여유는 좀처럼 생길 리 없으니, 결국은 영원히

못 읽는 책이 책상과 책꽂이에 넘쳐나고 맙니다. 이처럼 사서 쌓아두기만 하면, 최종적으로는 읽지 못할 확률이 상당히 높으니 그런 구매는 하지 않는 게 좋습니다.

나는 다 읽은 책이나 도중에 이젠 됐다고 생각하는 책은 딱히 정리하지 않고 책꽂이에 꽂아둡니다. 그리고 아직 못 읽은 책은 자식들이 예전에 사용했던 침대 두 개에 어지럽게 던져놓고, 반드시 읽으려고 노력합니다.

"책이 아주 많으시죠? 책꽂이는 어떻게 정리하시나요?"라는 질문을 받을 때가 있는데, 나는 이렇게 읽은 책과 읽지 않은 책을 단순하게 둘로 나눌 뿐입니다. 그래서 책꽂이를 보면 '최근에는 책을 꽤 많이 읽었구나'라는 느낌이 들고, 책을 어느 정도 훑어보고 읽어왔는지 알 수 있습니다.

가끔은 실패할 때도 있어서 같은 책을 사버리는 경우가 있습니다. 읽다 보면 '어, 이 책은 전에도 읽었는데' 하고 알아차립니다. 제목을 기억하지 못해서 또다시 사버리거나 출판사가 제목이나 표지를 바꿔서 재출간한 걸 알아채지 못해서입니다. 내게는 그런 책이 말 그대로 사서 쌓아놓기만 하는 책이 되고 맙니다.

다독과 정독, 어느 쪽이 좋을까?

독서가들 중에는 간혹 자기가 지금까지 몇천 권을 읽었다느니 몇만 권을 읽었다느니 자랑하듯 책 숫자를 과시하는 사람이 있습니다. 그런데 과연 그 막대한 숫자의 책들은 어떤 내용이었을까요? 그리고 또 발췌해서 읽거나 속독으로 몇만 권에 달하는 건 아닐까요? 책 내용이나 읽은 방식에 따라 독서의 의미도 달라집니다.

그렇게 생각해보면, 몇천 몇만 권을 읽었다고 자랑하는 사람을 단순하게 대단하다고 평가하지 않는 게 좋고, 또한 독서는 권수에 연연할 필요가 없습니다. 물론 책을 적게 읽는 것보다야 많이 읽는 게 낫겠지만, 어떤 책을 어떻게 읽느냐가 가장 중요합니다.

즉 가능한 한 다양한 책을 두루 읽는 것, 내용이 있는 책을 진지하게 통독하는 것은 모두 중요합니다. 다만, 우리가 인생에서 누릴 수 있는 시간은 한정되어 있으니 손에 든 책을 모두 정독할 필요는 없습니다. 책에 따라 군데군데 훑어봐도 괜찮은 경우도 있을 테고, 정독이 적합한 경우도 있습니다. 책 내용에 따라 스스로 결정하면 됩니다. 다독만이 좋은 것도 아니고, 뭐든 다 정독한다고 좋은 것도 아닙니다. 균형감 있게 독서하는 자세가 중요합니다.

버거운 책을 읽는 방법

읽는 데 즐겁지 않은 책을 딱히 읽을 필요는 없습니다. 그런데 일이나 공부, 혹은 어쩔 수 없는 사정 때문에 반드시 읽어야 하는 경우도 있습니다.

나는 1960년 안보투쟁 시기에 학생운동을 했습니다. 좌익 계통의 활동을 하려면 연설이나 동료끼리의 토론을 위해 이론 무장을 해둘 필요가 있었습니다. 그래서 정치학과 경제학, 서양사상사와 관련된 책을 열정적으로 읽었습니다.

마르크스나 레닌 등 학생운동을 하는 사람들의 필독서로 여겨지는 책은 최대한 우선적으로 열심히 읽었던 기억이 납니다. 오쓰키쇼텐大月書店에서 출간한 '레닌 선집', '마르크스·엥겔스 선집'은 전집으로 구성되어 있습니다. 영국의 역사학자 E. H. 카(1892~1982)의 『러시아 혁명』, 마루야마 마사오(1914~1996)의 『현대 정치의 사상과 행동』 등 인상 깊은 책도 그럭저럭 갖고 있습니다. 폴란드 출신의 영국 역사연구가 아이작 도이처(1907~1967)의 『무장한 예언자 트로츠키』는 고생하며 원서로 읽은 기억이 납니다.

이런 독서는 물론 미지의 세계를 알아가는 기쁨이 있지만, 솔직히 말해 재미있다고 느껴지지는 않았습니다. 그러나 청중에게 연설로 호소하거나 상대의 주장을 논박하려면 그들의 지식이나 사상을 무기로 익혀두어야 한다는 생각에 버겁다고 느끼면서도 열심히 읽었습니다.

이론 무장을 해서 학생운동을 보다 유리하게 해나간다, 오로지 그것을 최고의 목적으로 삼았던 독서였기에 의욕에 불타올라 읽을 수 있었던 겁니다. 가령 학생운동이라는 현실이 눈앞에 없는 상황에서 그런 책들을 읽게 된다면, 도중에 집어던졌을 책도 적지 않았을 겁니다.

업무상 필요에 의해 별 관심이 없는 책을 거의 의무적으로 읽어야 하는 경우도 있을 겁니다. 그럴 때는 어쩔 수 없이 읽는다는 생각을 버리고, 일을 성공시키기 위해 읽는다고 마음을 달리 먹으면 됩니다. 별로 흥미가 끌리지 않는 내용이라도 모르는 것을 배우는 기쁨은 발견할 수 있습니다.

반의무적으로 읽는 책은 마음가짐을 조금이라도 바꿔봅시다. 의식적으로 목표를 잘 설정해나가면, 그 효과도 틀림없이 달라질 것입니다.

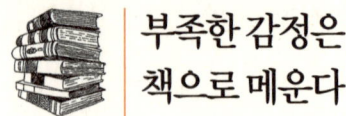
부족한 감정은 책으로 메운다

　인간에게는 다양한 감정이 있습니다. 최근에 나는 어떤 감정이 내게 부족하다는 걸 깨달았습니다. 그것은 바로 웃는 감정입니다. 요즘 들어 뭔가를 보며 웃는 경우가 굉장히 줄어들었습니다. 일본의 현재 상황을 보고 있으면, 정치나 경제나 불평만 쏟아져 나옵니다.

　불평할 주제는 줄지어 있지만, 웃을 만한 주제는 전혀 없습니다. 그래서 가끔은 껄껄거리며 웃을 수 있는 주제가 그립기도 합니다. 독서도 마찬가지입니다. 만약 당신이 자세를 바로잡고 진지하게 마주하는 딱딱한 책만 읽고 있다면, 때로는 긴장을 풀어주고 마음을 편안하게 해주는 책을 읽는 것도 매우 중요합니다.

감정은 여러 가지 형태로 발산하는 게 좋습니다. 이성만 활성화시키면 균형이 흐트러지기 때문에 감정도 활성화시킬 필요가 있습니다. 따라서 뇌를 쓰는 독서만 한다면, 가끔은 긴장을 풀어주는 책을 읽는 게 좋습니다.

우리를 항상 웃겨주는 코미디언들 중에는 사적인 자리에서 말이 없고, 열심히 공부하는 사람도 있습니다. 최근에 요시모토 흥업의 상설극장인 신주쿠의 '루미네 the 요시모토'와 오사카의 '난바 그랜드 가게쓰'(요시모토 크리에이티브 에이전시가 운영하는 희극 전문 극장 - 옮긴이)를 경제계 인사들과 함께 방문했는데, 아주 큰 공부가

되었습니다. 특히 정치인, 경영자, 관료들에게 꼭 한 번 가보라고 강력하게 추천합니다. 이런 체험은 우리 마음에 신선한 플러스 효과를 발휘해줄 거라고 확신합니다.

내 경우는 업무적으로 여러 사람을 끊임없이 만나 하루 종일 얘기만 하는 느낌이다 보니 막상 집에 들어오면 말이 없어집니다. 아내가 설교하듯 이런저런 말을 해도 딱히 의견을 내놓거나 반박하지 않고, 대부분은 말없이 "네, 네" 하고 받아들입니다.

인간의 감정은 한쪽으로만 치우칠 때가 있습니다. 따라서 업무상 긴장 상태가 계속되면 긴장을 풀거나 울거나 웃거나 감동하는 등 다양한 형태로 감정을 움직이는 게 좋은데, 책이 바로 안성맞춤인 대상입니다.

많이 울었던 책을 꼽자면, 어린 시절에 읽었던 시모무라 고진(1884~1995)의 『지로 이야기』가 떠오릅니다. 한참 울고 있는데, 때마침 어머니가 밥을 먹으라며 부르러 와서 우는 모습을 들키고 싶지 않아 바로 식탁에 앉을 수가 없었습니다.

책은 감정을 풍부하게 해줄 뿐 아니라 평소에 자기가 별로 드러내지 않은 종류의 감정도 일깨워줍니다. 독서는 감정도 연마해줍니다. 그것 또한 독서의 효과 중 하나일지 모릅니다.

제5장

독서의 진가는
삶에서 드러난다

독서가 일하는 자세를 바로잡아준다

나는 독서와 일을 구분해서 생각할 수 없습니다. 책을 통해 배우고 눈을 뜬 것은 어떤 형태로든 일에 활용할 수 있고, 일에서 체험한 것이 독서하는 과정에서 '그건 내게 이런 의미가 있었구나' 하고 정리되는 경우도 있습니다. 양쪽이 서로 좋은 형태로 피드백을 해주는 겁니다.

이처럼 독서와 일은 부즉불리不卽不離한 관계라서 독서가 내가 일하는 자세에 준 영향은 이루 헤아릴 수 없을 정도입니다.

책에서 우연히 읽은 글이 마음속에 남아서 어떤 행동을 할 때 불현듯 떠오르기도 합니다. 예를 들면 삼국시대의 영웅호걸 유비가 임종 직전에 아들에게 했던 '勿以善小而不爲, 勿以惡小而爲

之(물이선소이불위, 물이악소이위지)'라는 말은 내가 일에 임할 때 중요한 지침으로 삼는 글귀입니다.

아무리 작은 선이라도 그것을 실행하지 않으면 안 되며, 아무리 작은 악이라도 그것을 해서는 안 된다. 이런 '사소한 말'들이 그 사람의 '됨됨이'에서 배어나옵니다. 지도자인 경우에는 그런 것들로 타인의 신뢰를 얻을 수 있고, 타인을 움직이는 힘의 원천이 되기도 합니다.

이토추 상사에서 사장이 되었을 때, 회사에서 내게 검은색 세단을 제공해주었는데 나는 그 차를 이용하지 않고 전철로 출퇴근했습니다. 대부분의 사람들은 만원 전철에 시달리며 힘들게 회사에 다니기 때문입니다. 그런데 나 몰라라 하고 나 혼자만 편하게 다니면, 직원들의 감각에서 멀어져버릴 우려가 있어서입니다. 그때는, 분명 도쿠가와 이에야스(1542~1616)의 유훈遺訓인 것 같은데, '부자유를 당연하게 여기면 불만이 생길 리 없다'는 말이 머릿속 어딘가에 남아 있었을지도 모릅니다.

이렇듯 일상적인 업무에서 자기도 모르게 활용되는 말이 꽤 많을 겁니다. 책에서 읽은 어떤 말에 영향을 받았느냐고 묻는다면 당장 머리에 떠오르지 않겠지만, 무의식 속의 다양한 말이 내 안에서 활용되고 있는 건 분명합니다.

업무적으로 문제가 생겼을 때, 큰 결단을 내려야 할 때, 서둘러 행동해야 할 때, 반성해야 할 때 등 다양한 상황에서 책에서 배운 무수한 말이 나도 모르게 되살아납니다. 그것을 새삼스레 실감합니다. 내가 책을 전혀 안 읽고 일했다면, 그때그때의 행동이나 사고방식이 달라졌을 게 틀림없습니다. 내가 독서로 얻은 지식과 일은 죽을 때까지 혼연일체일 겁니다.

남의 실패담은 도움이 되지 않는다

'사업에 실패해서 거액의 빚을 떠안았지만, 멋지게 재기해서 다시 성공의 기회를 얻었다. 파란만장한 인생을 살아왔지만, 그런 실수를 되살려서 지금은 행복해졌다.'

저자가 이렇게 자신의 큰 실패나 좌절을 주제로 삼아 엮어낸 책이 많습니다. 많다는 것은 그만큼 인기 있는 주제라는 뜻입니다.

그렇다면 사람들은 왜 그런 책을 좋아할까요? 인간은 잔혹한 생물이기 때문에 남의 불행한 이야기를 읽으면 마음이 놓일지도 모르고, 밑바닥에서부터 부활해서 재생한 스토리에 자기 자신을 투영시켜 위로받고 싶은 심정일지도 모릅니다. 개중에는 유비무환의 의미로 실패담에서 교훈을 얻으려는 사람도 있을 겁니다.

그러나 나는 그런 부류의 책을 굳이 찾아 읽지는 않습니다. 왜냐하면 다른 사람이 실패한 체험은 내게 아무런 도움이 되지 않는다는 걸 알기 때문입니다.

나는 이토추에서 업무부장으로 일하던 시기에 회사의 실패 사례를 모아둔 자료를 받은 적이 있습니다. 직원들이 과거의 실패에서 교훈을 얻을 수 있도록 편찬한 자료인데, 내게는 전혀 도움이 되지 않았습니다. 내용을 다 읽어보았지만, 실패가 당연하다는 감상뿐이었습니다. 어떤 일에 실패했을 때 '교훈집에 분명 이거랑 비슷한 사례가 있었어'라며 떠올린 적도 없었고, 설령 떠올린다 해도 시대와 환경, 상황이 모두 다르기 때문에 그대로 적용시켜도 도움이 되진 않을 겁니다.

인간은 원래 어리석은 생물입니다. 대중매체를 통해 수많은 사람들의 실패 사례를 보았는데도 그것을 교훈 삼아 자신의 실패를 줄인 것 같지는 않습니다. 무모한 투자나 분식결산 때문에 도산한 회사가 아무리 많이 보도되어도 여전히 사려가 부족한 투자나 경리 속임수를 쓰는 회사는 끊일 줄을 모릅니다. 가치관의 차이 때문에 이혼한 부부의 사례를 많이 알고 있어도 가치관의 차이를 어떻게 메워야 할지 몰라 이혼에 이르는 부부는 얼마든지 많습니다.

요컨대 인간은 다른 사람의 실패를 보고 나는 그러지 말아야겠다고 마음을 다잡기도 하지만 그 이상으로 도움이 되는 경우는 거의 없다고 생각합니다. 자신의 실패조차 별다른 교훈이 되지 않습니다. 이런 실패는 두 번 다시 하지 않겠다고 마음먹어도, 목구멍만 넘기면 뜨거움을 잊듯이 똑같은 실패 과정을 다시 밟으면서 알아채지 못합니다. 자신의 실패도 그런 지경이니, 하물며 다른 사람의 실패나 교훈은 가히 짐작할 만합니다.

자 그럼, 남의 실패 사례가 도움이 되지 않는다면 일에서 크게 실패하지 않기 위해서는 어떻게 해야 할까?

인간은 실패하는 동물입니다. 가장 좋은 방법은 끊임없이 '작은 실패'를 해나가는 거라고 생각합니다. 혹시 '하인리히 법칙'을 아시나요? 하나의 큰 실패나 중대한 사고가 일어나기 전에는 29개의 작은 사고가 숨어 있고, 또다시 그 배후에는 아찔하고 섬뜩한 300개의 경미한 징후가 드러난다는, 사고와 관련된 법칙입니다.

사람들은 아찔하거나 섬뜩한 징후들에는 거의 주의를 기울이지 않습니다. 그 순간에만 '아무 일도 없어서 다행'이라고 혼자 생각하고, 대체로 금방 잊어버립니다. 그러나 그것은 장래에 일어날 수 있는 큰 실패나 사고와 이어지는 징조일지도 모릅니다.

후쿠시마 원자력발전소 사고만 해도 그전까지 아찔하거나 섬

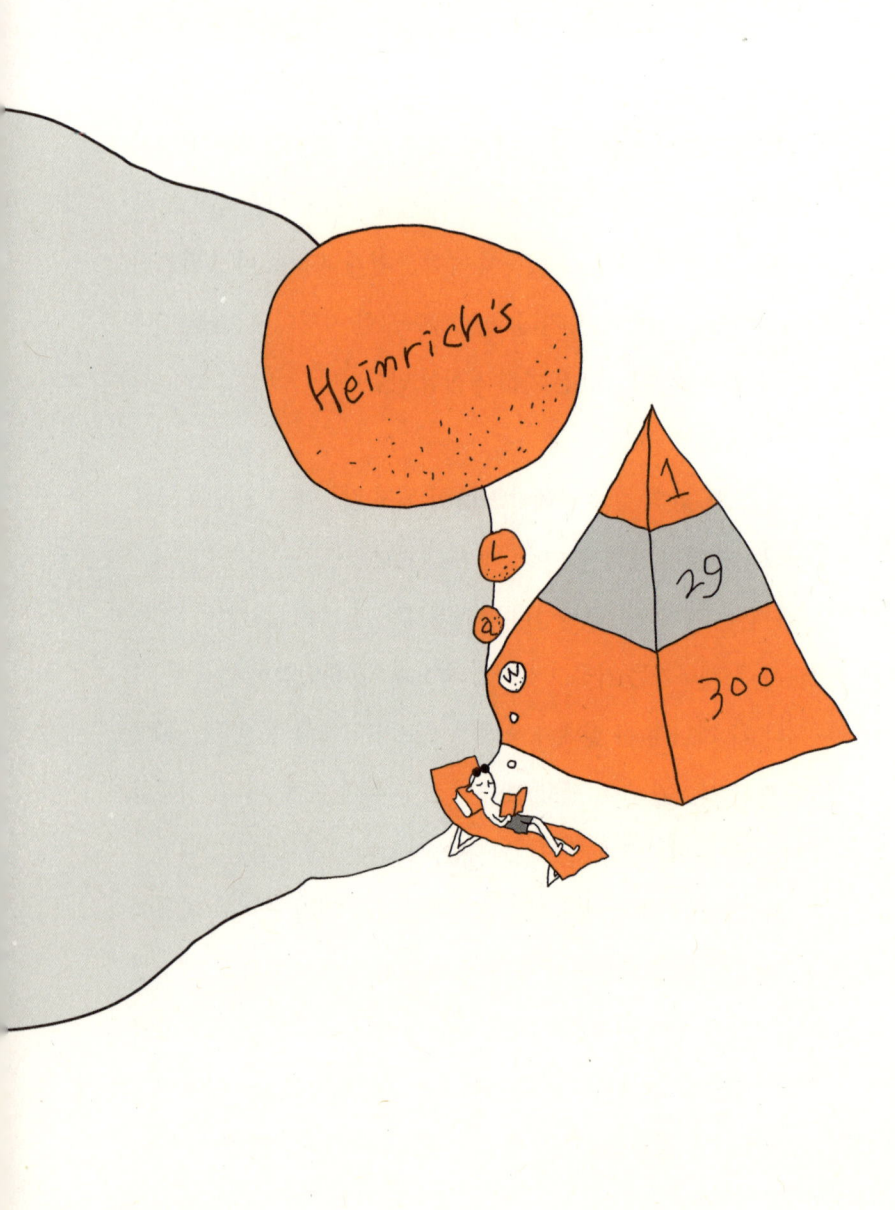

뜩한 순간이 많았을 거라고 추측됩니다. 그러나 근거 없는 안전신화까지 거들어서 그런 중대한 사고에 이르는 신호들을 놓쳐버렸거나, 개중에는 발각될까 두려워서 은폐한 경우도 있을 겁니다.

그러므로 아무리 사소한 일이라도 흘려 넘기지 말고 동료끼리 아찔하고 섬뜩했던 순간들을 공유해야 합니다. 그리고 그 상태에서 수정이나 개선을 하면, 큰일로 번지지 않고 끝낼 수 있습니다. 그런 의미에서 작은 실패를 많이 하며, 그때그때 반성하는 게 좋습니다.

아찔하거나 섬뜩한 작은 문제들을 방기하는 경우 머지않아 큰 문제로 번질 수 있다는 인식을 심어두면, 긴장감을 갖고 일에 임할 수 있습니다. 교만이나 방심은 생겨나지 않습니다. 반대로 모든 게 잘 풀릴 때일수록 정신을 바짝 차려야겠죠. 특히 조직이나 팀 전체로 일을 진행하는 경우, 순풍만선일 때는 누군가가 작은 실수를 숨기고 있을 가능성이 매우 높습니다. 그런 때일수록 발걸음을 멈추고 서로 대화하는 기회를 늘려야 합니다.

'자서전'은 속지 않도록 주의하며 읽는다

 실패나 큰 문제는 사소한 속임수나 작은 거짓말로 인해 일어날 때도 있습니다. 우리 부모님은 서점을 운영했는데, 서점 이름을 '바르게 나아간다'는 의미로 '정진당正進堂'이라고 붙였습니다. 할아버지와 할머니는 물론 부모님도 그 상호대로 살아오셨습니다. 그래서 나는 어릴 때부터 '거짓말하지 마라', '정직하게 살아라'라는 말을 자주 들었습니다. 그러다 보니 거짓 없는 청렴한 삶의 태도를 나 자신의 의무로 부여했습니다.
 그런 내가 딱 한 번 상사에게 거짓말을 한 적이 있었습니다. 20대 후반 무렵, 나는 유지부油脂部라는 부서에서 콩을 거래하는 업무를 담당했습니다. 당시 이토추 상사는 일본에서 1, 2위를 다

틀 만큼 미국에서 콩을 대량 수입하는 회사였습니다. 어느 날 상사가 "선박 회사에 지불할 조출료早出料(계약된 기간보다 선적이나 하역을 빨리했을 때 지급하는 돈 - 옮긴이), 정박료 정산은 끝났겠지?"라고 물었습니다. 사실은 몇 개월이나 내팽개치고 손도 안 댄 업무였는데, 야단맞기 싫어서 나도 모르게 그만 "끝났습니다"라고 대답해버렸습니다. 대답하자마자 '큰일 났구나' 했지만, 이미 엎질러진 물이었습니다.

콩을 운송하는 선박 회사에 지불하는 금액은 예정일 안에 짐을 내릴 수 있느냐 없느냐에 따라 달라집니다. 예정보다 일찍 끝나면 선박 회사로부터 보너스를 받지만, 반대로 늦어지면 패널티를 지불해야 합니다. 그 밖에도 궂은 날씨 탓에 작업을 못할 경우 그 하역작업의 할당 시간에서 공제하는 등 세부적인 규칙이 너무 많아서 그런 요소들까지 모두 계산하여 청구서를 내야 합니다. 굉장히 성가신 업무라 무심코 흐지부지 미루고 말았습니다.

그런데 며칠씩 밤샘하며 허둥지둥 만든 청구서를 보낸 후, 선박 회사 중 몇몇 군데가 도산할지 모른다는 소문이 들려왔습니다. 청구한 돈을 받지 못하면 회사로서는 막대한 손실이었습니다. 무사히 송금 받을 수 있을까? 너무 걱정되어 거의 제정신이 아니었습니다. 늘 기분이 암담해서 술을 마셔도 그 맛을 느끼지 못했습니다. 다행히 도산 소문이 돌았던 회사가 다른 회사로 흡

수 합병되어서 청구한 금액을 무사히 받았습니다.

그 한 건으로 나는 거짓말이 심신에 얼마나 나쁜지 뼈저리게 실감했습니다. 소문이나 은폐는 큰 문제를 불러일으킬 수 있습니다. 또한 소문이나 은폐가 없으면, 양심에 찔릴 게 전혀 없습니다. 언제나 아무런 과장도 가식도 없이 자연스러울 수 있고, 자신감을 갖고 정정당당하게 일에 매진할 수 있습니다. 이 경험에서 교훈을 얻은 나는 윗사람 자리에 앉았을 때, 부하직원에게 늘 말했습니다.

"문제가 생기면 다 함께 힘을 모아 도울 테니, 하나도 숨기지 말고 말하세요. 거짓말을 하면 인생이 어두워집니다."

그래서 나는 부하직원이 아무리 큰 손실을 내도 혹독하게 야단치지 않습니다. 돈이야 다 함께 힘을 모아 다시 벌면 되니까. 사장 재임 시절, 거품 후유증으로 인해 발생한 거액의 불량채권을 철저하게 점검했습니다. 그때도 직원들에게 숨기고 있는 적자를 모두 털어놓으라고 말했지만, 한번에 모든 것이 드러나지는 않았습니다.

"자네들은 숨기면 안 되네. 세상에도 숨기면 안 되고. '그렇게나 많았어?'라는 말을 들어도 괜찮으니 숨김없이 드러내야 해."

직원들에게 그렇게 말한 뒤 1,300억 엔, 1,500억 엔으로 잇달아 손실이 드러났습니다.

내 경험상 이런 경우에는 맨 처음 견적보다 세 배 정도 나올 거라고 예상했습니다. 1977년에 이토추 상사가 아타카 산업을 흡수 합병했을 때 아타카 산업의 부채 견적은 1,000억 엔이라는 계산이 나왔지만, 모든 걸 정리하고 나니 그보다 세 배나 되어 몹시 놀랐던 적이 있습니다. 그래서 20년 후인 그 당시에 나는 "아니야, 분명히 좀 더 나올 거야"라며 더 알아보라고 지시했습니다.

그러자 역시나 예상했던 대로 불량채권이 두 배 이상 드러났습니다. 그쯤에서 나는 부장들을 불러 "적자를 더 이상 숨기면, 자네들의 급여를 정지시킬 수밖에 없어. 자네들만 남겨놓고 버스는 떠나버려"라고 최후통첩을 들이밀었습니다. 그리고 다른 한편으로는 "자네들 책임이 아니야. 최종 책임은 사장인 내가 질 테니 솔직하게 밝히게"라고 말했습니다.

최종적으로는 내가 예상했던 대로 당초 견적의 세 배에 달하는 3,950억 엔이나 되는 불량채권이 나왔습니다. 그것을 특별손실로 일괄 처리하고, 결과적으로는 회사가 V자 회복을 하는 계기를 만들었습니다.

소문이나 은폐가 계기가 되어 큰 문제로 발전하는 사례는 얼마든지 많을 겁니다. 나는 우수한 인간일수록 잘 은폐한다고 생각합니다. 자기 자신도, 주위에서도 우수하다고 평가하고 있기 때문에 무슨 일이 생기면 자기 가치나 평가를 떨어뜨리지 않으려고 필사적으로 숨기게 됩니다. 한번 거짓말을 하거나 섣불리 감추면, 그것이 들통나지 않도록 또다시 몇 번이나 거짓말을 해야 하는 상황이 벌어집니다.

거짓말을 한 당사자는 마음속에 자욱하게 안개가 끼고, 그러다 무슨 문제라도 생기면 정신적으로 궁지에 내몰리고 맙니다. 그렇게 되지 않으려면 아무리 작은 거짓말이라도 절대로 하면 안 됩니다. 그것이 큰 문제를 막는 길이기도 합니다.

이처럼 실패나 문제를 막으려면 결국 그 원인이 될 만한 행동이나 사고 패턴을 명확히 인식하고 피하는 것이 가장 좋은 방법입니다. 책에 나온 다른 사람의 실패 사례는 문제 방지 수단으로 별다른 참고가 되지 않는다고 생각하는 편이 낫습니다.

결국 자기 실패를 주제로 쓴 책은 '나는 이렇게 다시 일어섰다'는 저자 나름의 자기 자랑입니다. 나 역시 내 실패담을 책에서 언급하긴 하지만, 은근히 자랑하는 것 같아 심적으로 저항감이 느껴지고, 부끄럽고 창피한 감정도 듭니다.

사람들은 자기 이야기를 쓸 때, 대체로 잘 보이고 싶어 합니다. 보기 좋지 않거나 불리한 점은 감추고, 각색한 나를 언급합니다. 어린 시절에는 위인전을 자주 읽었는데, 대학생쯤 되자 아무래도 다 사실은 아닐 거라는 생각이 들기 시작했습니다.

현실 세계에는 두루두루 뛰어난데다 인격까지 갖춘 사람이 그리 많지 않다는 것도 알았습니다. 그러니 반평생을 다룬 자서전도 저자가 상당히 각색해서 썼을 거라고 어느 정도 감안하고 읽는 게 좋습니다. 자서전이나 회상록 같은 책은 인생의 실패자나 낙오자는 일단 쓰지 않습니다. 성공한 사람이 쓰는 이야기다 보니 아무리 자제하려 해도 어딘지 모르게 자기 자랑으로 흐르는 게 눈에 훤히 보입니다. 그래서 별다른 교훈이 되지 않는 것 같습니다.

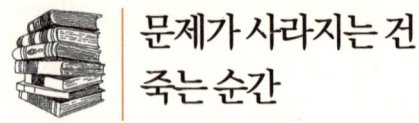
문제가 사라지는 건
죽는 순간

어떤 문제가 생기면 필요 이상으로 크게 받아들이는 사람이 있습니다. 문제가 생기면 안 된다는 생각이 너무 강하기 때문입니다. 그러나 살다 보면 인생은 문제투성이입니다. 한 가지 문제가 사라지면 곧바로 다음 문제가 생깁니다. 일이나 돈, 인간관계나 건강 문제 등 예를 들자면 끝이 없습니다. 열심히 살아가는 자체가 계속해서 열심히 문제를 낳는 것과 같습니다.

인생이란 문제가 있는 게 당연합니다. 문제없는 인생은 어디에도 없습니다. 문제가 사라지는 건 죽는 순간입니다.

이토추 상사의 사장으로 취임했을 때, 회사가 창업 이래 최대위기에 직면했다는 말은 앞에서 썼습니다. 거품 후유증으로 인한 거액의 불량채권을 끌어안게 되었고 대폭적인 적자로 전락해버린 회사를 어떻게 재건할 것인가, 벼랑 끝에 선 결단을 강요당했던 시기였습니다.

불량채권을 일괄 처리할 것인가, 시간을 길게 잡고 조금씩 상환해가는 소프트랜딩의 길을 선택할 것인가. 임원들이나 은행이나 입을 모아 무리하지 말고 조금씩 처리해가는 게 낫겠다는 의견이었습니다. 그러나 나는 그대로 뒀다가는 모래로 스미는 물처럼 돈을 벌고 또 벌어도 불량채권(모래)으로 이익(물)이 흡수되어 회사가 점점 쇠퇴(갈수)해갈 거라는 걱정을 품고 있었습니다.

불량채권을 일괄 처리하는 방법 말고는 다른 길이 없다고 생각하는 한편 시장이 어떤 반응을 보이는지 살펴야 했고, 주가가 계속 떨어지면 회사가 도산할 가능성도 있었습니다. 그렇게 되면 그룹에서 일하는 직원 수만 명과 그 가족들이 길바닥에 나앉게 된다……. 결단을 내리기 전 1주일 동안은 수없이 반추하며 망설이고 또 망설였습니다. 깨어 있는 동안은 신경이 이상해질 정도로 내내 긴장되어 밥이 목으로 넘어가지 않았습니다.

결과적으로는 과감한 결단을 내림으로써 회사가 멋지게 부활했습니다. 우수한 회사 경영자의 협조와 직원들의 후원, 그리고 종이 한 장만 한 행운이 따라준 덕분입니다. 그 당시의 모든 직원에게는 지금도 눈시울이 뜨거울 정도로 심리적 연대감을 느낍니다.

문제가 있다는 건 열심히 살아가고 있다는 반증입니다. 곤란한 문제에 직면했을 때 필요한 것은 그 상황을 냉정하게 직시하며 긍정적으로 받아들이는 겸허함입니다. 과신이나 자기부정에 빠지면 안 됩니다.

나는 아무리 힘든 상황이 닥치더라도 그것은 하늘이 내게 부여한 시련이라고 생각합니다. 거기에서 도망치지 않고 정면으로 받아들이며 최선을 다하면, 반드시 힘과 지혜가 솟아납니다. 생각지 못했던 번뜩이는 아이디어도 떠오릅니다. 그러다 보면 불가능하다고 여겼던 일에도 희망의 빛이 보이기 시작합니다. 그런 원천이 되는 것이 독서와 경험입니다.

특히 책을 많이 읽어온 사람은 선인들의 지식이나 경험에서 많은 것을 배움으로써 돌파구를 여는 깨달음과 강한 마음을 키울 수 있습니다. 다양한 각도에서 문제를 바라보고 모든 가능성을 파악하는 데는 독서로 얻은 지식과 사고방식, 상상력이 큰 힘이 됩니다.

나는 다른 사람들의 상담 요청을 자주 받습니다. 옆에서 보기에는 순조로운 사람이라도 뜻밖의 고민이나 문제를 안고 있는 경우가 많습니다. 그럴 때면 나는 곧잘 이런 대답을 해줍니다.

"실패했다고 죽는 건 아닙니다. 살아 있으면 기회는 얼마든지 있습니다. 애당초 삶 자체가 문제를 낳는 것이니, 문제가 싫으면 죽는 수밖에 없습니다."

그리고 이렇게 뒷말을 잇습니다.

"문제는 사람과의 관계에서 비롯되므로 혼자 해결할 수 없습니다. 다른 사람에 대한 상상력과 공감이 해결로 이끌어줍니다. 문제가 있는 한, 그것을 해결할 답도 반드시 어딘가에 있습니다. 문제가 있는 건 살아 있다는 반증입니다. 문제가 있는 걸 기쁘게 여기세요."

인간은 혼자서는 살 수 없습니다. 인간 개개인의 힘은 기껏해야 뻔합니다. 이것이 바로 내게는 인생 최대의 교훈입니다.

특성을 간파하고, 그것을 살려라

회사에서 사람은 무엇보다 중요한 자산입니다. 리더에게는 사람을 어떻게 움직이고, 어떻게 키울 것인가가 늘 숙제입니다. 나는 사람을 키우는 것과 관련하여 목공 장인이었던 니시오카 쓰네카즈 씨(1908~1995)의 말이 담긴 『나무의 생명, 나무의 마음』을 읽고 깊은 감명을 받았습니다. 니시오카 쓰네카즈 씨는 호류지法隆寺(일본 나라 현에 위치한 고찰 - 옮긴이) 금당金堂(본존불을 안치하는 가람의 중심 건물 - 옮긴이)과 야쿠시지藥師寺(일본 나라 현에 위치한 불교 사원 - 옮긴이) 금당을 재건하여 생전에 전설이 된 장인입니다.

이 책은 사원 건축과 관련된 전설적인 기술과 지혜를 다룸으로써 사람을 키우는 방법의 궁극적인 의미를 언급했습니다. 그

중 하나가 나무의 특성을 읽어 건물에 살려낸다는 이야기입니다. '당탑堂塔의 마름질은 치수로 자르지 않고, 나무의 특성으로 자른다'는 말이 있습니다. 이처럼 독특한 성질이 있는 나무는 그 성질을 잘 아는 사람이 쓰면, 곧게 뻗은 나무보다 튼튼하게 건물을 지탱할 수 있다고 합니다.

'마음에 안 든다고 안 쓸 수는 없어요. 내 마음에 드는 것으로만 만들면, 나무의 특성을 간파해서 그것을 살리라는 구전口傳에 반하는 격이잖소. 독특한 성질은 안 된다는 말은 잘못된 거예요. 그것을 중단시키거나 제거해내면 좋은 게 만들어져요.'

이 지혜가 바로 1,300년이 넘도록 호류지를 굳건하게 지탱시킨 비밀을 푸는 열쇠 중 하나인데, 이는 조직의 인재 육성 방식과도 깊이 통하는 면이 있습니다.

곧게 뻗은 나무처럼 획일적인 엘리트로만 구성된 조직은 유연성이 부족해서 의외일 정도로 저항력이 약하기도 합니다. 결점처럼 보이는 성향이 있는 인재라도 그 성향을 잘 살릴 수 있도록 활용하면, 오히려 재미있는 일을 할 수 있게 됩니다. 그런 인재 활용이 가능해지면, 엘리트만 있는 조직보다 다양성이 훨씬 더 풍부하고 유연해서 강력한 조직이 됩니다.

오늘날 기업의 인재 채용을 보면 개성을 중시한다는 점이 자주 언급되는데, 그것은 단지 구호뿐이라 정말로 개성이 강한 인재는 경원시되고, 설령 독특한 개성이 있어도 그것을 죽이는 인재 양성 방법이 더 많은 것 같습니다. 개성 있는 인재를 어떻게 키우고 활용할 것인가? 그것이 가능한 도량과 능력을 갖춘 지도자가 부족한 현실도 영향이 크겠죠.

상사가 부하직원에게 일을 맡길 때, 어느 단계에서 맡기면 좋은지에 관한 힌트도 이 책에 쓰여 있습니다. 니시오카 목수는 '완성된 후에 맡기지 말고, 미숙할 때 맡겨라'라고 말했습니다. '이 사람은 이미 어엿하게 한 사람 몫을 한다. 무슨 일을 시키든 안심이다'라고 생각한 후에 일을 맡기면 안 된다는 말입니다. 능력으로 봐서는 아직 멀었다고 생각하는 단계에서 일을 맡기면, 본인이 열심히 노력하여 스스로 성장해갑니다. 반대로 이미 성장한 사람에게 맡기면 교만함이 앞서서 자기 능력을 100퍼센트 발휘하지 못하는 경우가 많습니다.

나는 부하직원을 키울 때 '인정하고', '맡기고', '칭찬한다'는 세 가지 기본 원칙을 갖고 있습니다. 어느 정도 유망하다고 여겨지는 인재에게는 아직 미숙한 부분이 보여도 100센트 믿고 맡깁니다. 그리고 쓸데없는 잔소리는 일체 하지 않습니다.

사람을 키운다고 해서 뭐든 자상하게 가르치는 것이 올바른 방법은 아닙니다. 그보다는, 최종적으로 스스로 자신을 키우고 성장시킬 수 있도록 이끌어주는 것이 중요합니다. 그런 과정을 통해 자기 힘으로 성장한 사람일수록 한 단계 더 발전할 가능성이 훨씬 커집니다.

마음에 새겨진 말이
하나라도 있으면 횡재

　책을 읽고 별달리 기대한 정도는 아니라고 생각했더라도 마음에 새겨진 말이 한두 가지라도 있으면 횡재라고 생각하는 게 좋습니다. 나는 그런 말들을 나중에 노트에 베껴 쓰는데, 그것이 나의 피와 살이 되기까지는 시간이 조금 걸립니다.
　어쨌든 인간의 통찰력이나 삶의 방식에 영향을 주는 말은 그것을 머릿속에 기억해도 바로 활용할 수는 없습니다. 업무나 인간관계 속에서 체험한 것이 기억 속의 말과 연결되어 비로소 '아, 이런 거였구나' 하고 납득하는 경우도 있습니다. 그때까지는 단순한 지식에 불과했던 말이 지혜로 바뀌며 마음의 연륜이 되는 것입니다.

그와 반대로 자신의 체험 중에 말로 정리하지 못했던 것이 훗날 책에서 접한 글을 통해 비로소 '이런 뜻이었구나' 하며 그 형태가 주어지는 경우도 있습니다. 다시 말해 책에서 접한 글귀와 실제 체험은 서로 캐치볼을 하면서 그 사람의 인생을 만들어나가는 셈입니다. 요컨대 책을 읽고 마음에 새긴 내용은 언젠가 반드시 삶의 태도에 나타나게 마련입니다.

그러기 위해서는 마음을 울린 말들을 되새기며 곰곰이 음미하고, 다양한 체험에 임했을 때 그것을 통찰하는 시선을 늘 갖추고 있어야 합니다. 몽테뉴는 '노쇠는 얼굴보다 마음에 더 많은 주름을 남긴다'고 말했습니다. 마음속에 주름이 많은 사람은 남과 마주할 때, 상대의 마음속 주름이 어느 정도인지 가늠할 수 있습니다. 반대로 주름이 적은 사람은 설령 상대가 주름이 많아도 그것을 알아챌 수 없습니다.

육체적인 주름은 나이가 들면 자연스레 늘어나지만, 마음의 주름은 삶의 태도나 노력으로 바뀔 수 있어서 나이가 들어도 주름이 적은 사람이 있습니다. 최근에는 '안티에이징'이라고 해서 노화를 방지하는 건강법이 유행하는데, 마음의 주름까지 늘리지 않으려고 애쓰는 것처럼 보이는 사람이 많습니다.

인간은 결국 많은 경험을 쌓고, 많은 책을 읽어야 합니다. 시간을 들여 주름을 많이 만들어온 사람은 주름의 숫자만큼 보다 깊이 있는 인생을 살 수 있습니다. 그렇게 마음의 주름을 늘리는 것은 그 무엇과도 바꿀 수 없는 소중한 기쁨입니다.

독서는
고독한 행위가 아니다

예전에 어느 인터뷰에서 "무인도에 책 세 권을 가지고 갈 수 있다면, 어떤 책을 갖고 가시겠습니까?"라는 질문을 받은 적이 있습니다. 그것은 나로서는 대답할 수 없는 질문이었습니다. 왜냐하면 만약 그런 곳에 가게 된다면, 생존하기 위해 해야 할 일이 산더미처럼 쌓여 있을 테니, 책이나 읽고 있을 시간은 없다고 생각하기 때문입니다.

맨 먼저 식재료를 얻기 위해 물고기를 잡거나 나무 열매를 따거나 동물을 잡기 위해 덫을 놓아야 합니다. 작물이 될 성싶은 식물을 찾아내고 밭을 일궈야 합니다. 잠자리를 위한 간단한 주거지도 만들어야 합니다. 나아가 생선을 손질하거나 작물을 키우거나 주거지를 만들기 위한 도구도 만들어야 합니다. 요리를 하려면 불도 피워야겠죠. 잠을 잘 때도 동물의 습격을 받지 않도록 대책을 마련해둬야 합니다.

아무튼 하나부터 열까지 혼자 힘으로 생활을 영위해야 하기 때문에 해야 할 일이 산더미처럼 쌓여 있을 게 틀림없습니다. 우아하게 책이나 읽고 있으면, 굶어 죽을 게 뻔합니다. 그렇게 해서 섬 생활에 어느 정도 익숙해지면 느긋하게 책을 읽을 시간이 생길지도 모르지만, 어떤 책을 읽고 싶을지는 그때가 되어봐야 압니다.

내가 받은 질문은 '무인도에 산다' → '오락거리가 전혀 없으니 책을 읽는다'는 흔하디흔한 연상입니다. 무인도에서 홀로 책을 읽는 모습은 고독감이 느껴집니다. 그러나 책을 읽는 행위는 원래 고독한 게 아닙니다. 고독한 게 아니라 홀로 작업하고 있을 뿐입니다. 요리를 하거나 청소하는 모습이 고독할까요? 그것과 마찬가지입니다.

요즘은 '인연'이라는 말을 굳이 갖다 붙일 정도로 고독을 느끼는 사람이 늘어나고 있는 것 같습니다. 고독사라는 말은 그런 세상을 상징하는데, 애당초 죽을 때는 누구나 혼자이니 죽음이 고독하고 말 것도 없습니다. 연인끼리 동반자살을 하더라도 죽을 때는 어차피 각자 혼자입니다.

요즘 사람들은 뭔가를 혼자 하면 곧바로 고독을 연상할 정도로 혼자 뭘 하는 것에 이상하게 열등감을 느끼는 경향이 있습니다. 혼자가 곧 고독은 아닙니다. 혼자 뭘 하더라도 그것은 어디까지나 '혼자서 하는' 것에 불과합니다. 그 이상도 이하도 아닙니다.

전철이나 비행기를 탈 때, 집에 혼자 있을 때 나는 거의 대부분의 시간을 독서하는 데 씁니다. 그러나 그것은 고독한 행위가 아닙니다. 독서는 자신의 내면으로 들어가 자기 자신과 대화하는 것처럼 보이지만, 동시에 저자와의 대화이기도 합니다. 소설인 경우는 여러 등장인물과 대화합니다. 그런 측면에서도 독서는 절대 고독한 행위가 아닙니다.

책을 많이 읽어온 사람은 그만큼 많은 저자를 만나고, 머릿속에서 그 사람들의 목소리가 울려 퍼집니다. 그러니 설령 혼자 살면서 독서에 열중하는 사람이라도 그 내면은 고독과 아주 거리가 멀고, 실로 활기차고 즐겁게 사는 것이 아닐까요.

독서와 품성

독서는 마음을 넓고 깊고 풍요롭게 해줍니다. 그렇다고 책만 읽으면 된다는 말은 아닙니다. 일을 하면서 인간이라는 존재와 마주하지 않으면, 인간에 대한 진정한 이해는 불가능합니다.

그런 의미에서 일은 어떤 것이든 좋습니다. 인간을 상대하고 목표를 향해 서로 힘을 합하면, 그 속에서 인생을 체험할 수 있습니다. 그런 체험과 성실하게 마주하면, 어떤 일이든 그로부터 얻는 것은 큽니다. 직업에 귀천이 없다는 말은 바로 그런 의미입니다.

학문의 세계에 파묻혀 서적만 상대하는 학자는 상당히 편향되어 있을지도 모릅니다. 학자보다도 예를 들면 인간을 상대하는 항만 노동자가 인간을 이해하는 능력이 더 뛰어날 거라고 생각합니다. 왜냐하면 빈곤한 환경에서 여러 가지 힘든 경험을 하며 살아온 항만 노동자는 상아의 탑 아래서 전문 분야의 책에만 파묻혀 안도하고 사는 학자보다 인생 경험이 훨씬 더 풍부할 게 틀림없기 때문입니다.

그래서 나는 책만 읽고 체험이 부족한 학자는 별로 신용하지 않습니다. 실제로 학자의 말은 훌륭한 것 같으면서도 현실적인 근거가 빈약하거나 응용이 되지 않는 경우가 적지 않습니다.

풍부한 인생 경험이 인간 이해에 영향을 주는 예로 학자와 항만 노동자를 대비해보았는데, 물론 가장 좋은 것은 실제 체험을 쌓으면서 책을 많이 읽는 것입니다.

미국의 철학자로 『우리 시대의 기질The Temper of Our Time』을 저술한 에릭 호퍼(1902~1983)는 항만 노동자로 일하면서 사색을 거듭하고 그 성과를 여러 책으로 써냈습니다. 정규교육을 받지 않고 모든 것을 독학으로 배웠고, 훗날에는 캘리포니아 대학교 버클리 캠퍼스의 교수가 되었습니다. 그런데 그는 대학교수가 되어서도 항만 노동자 일을 그만두지 않고 계속했다고 합니다.

다양한 인생 경험을 쌓고 거기에 독서를 더하면, 그 나름의 품성이 갖춰집니다. 좋은 집안에서 자란 학자 선생님이라도 인생 경험이 부족하면 품성이 배어나오지 않습니다. 오히려 인간에 대한 이해가 얕고 인간성이 편향되어 있으면, 제아무리 지식을 갖춰도 품성은 천박해집니다.

 다른 사람에게 나쁜 느낌을 주지 않는 이들 중에 품성을 갖춘 사람이 많지 않을까요. 자기에게 품성이 있는지 없는지 파악하기는 어렵고, 자기 입으로 '나는 품위가 있다'고 말하는 사람은 대체로 품위가 없습니다. 책만 읽으면 인간성이 고양된다는 단순한 도식도 맞지 않는 것 같습니다.

살아 있는 한,
해야 할 일이 있다

　나는 사람이 살아가는 데 중요한 것은 일과 독서와 인간관계, 그로부터 비롯되는 인간에 대한 이해라고 거듭 주장합니다.
　이렇게 얘기하면, "그럼 회사를 퇴직하고 노후생활을 하는 사람은 어떡합니까?"라는 질문을 받을 때가 있습니다. 그런데 일이란 반드시 돈이라는 보상을 얻는 것으로만 한정할 수 없습니다. 노인 복지 시설에 가서 자원봉사 활동을 하는 것, 이웃사람을 위해 집 앞 길을 깨끗이 청소하는 것, 지역사회의 친환경에너지 도입 운동을 하는 것도 모두 훌륭한 일입니다. 무보수인 이런 일들도 사람을 상대하므로 인간에 대한 이해가 깊어집니다. 그러므로 보수가 있든 없든 계속 일하는 것이 중요합니다.

세상에는 일을 하지 않아도 돈이 아주 많아서 놀고먹을 수 있는 사람도 있습니다. 자기가 키운 벤처기업을 상장시켜 거금을 벌어들이고, 아직 젊은데 현역에서 은퇴하는 사람도 있습니다. 복권에 당첨되어 일확천금을 거머쥐거나 많은 유산을 받아 빈둥빈둥 한가하게 살아가는 사람도 있을 겁니다.

이런 사람은 인생의 가장 큰 목적이 돈일까요? 그런 삶을 부러워하는 사람도 꽤 많을 겁니다. 그러나 내가 보기에 아무리 돈이 많아도 하는 일 없이 빈둥빈둥 지내는 사람은 불행합니다. 독서에 열중한다면 그나마 낫겠지만, 딱히 일도 안 하고 어영부영 살아가는 게 정말로 즐거울까 하는 의구심이 듭니다.

실제로 매일 그렇게 생활하면 동물처럼 되고 맙니다. 사회에는 다양한 사람들이 있고, 도저히 구제받지 못하는 약자도 있다는 걸 꿈에도 상상하지 못하겠죠. 경제적으로 여유가 있는 사람일수록 노블레스 오블리주 noblesse oblige 정신을 갖고 사회와 다른 사람에게 공헌하는 활동을 해야 한다, 나라면 그렇게 생각하겠지만 그런 사람은 적은 것 같습니다.

부자가 되어 일하지 않고 놀고먹는다, 그거야말로 최고로 행복한 삶이라고 여기는 사람은 일이 본래 어떤 의미를 가지고 있으며, 인생에서 얼마나 중요한지 아직 이해하지 못한 것입니다.

제6장

책의 저력

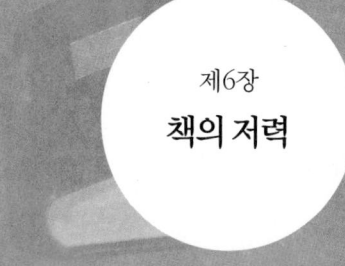

사고의 서가에 고리를 달자

'세렌디피티serendipity'라는 말이 있습니다. 멋진 우연을 만나거나 뜻밖의 행운을 발견한다는 의미를 가진 말인데, 책을 많이 읽다 보면 이런 세렌디피티가 일어나기 쉬워집니다.

세렌디피티는 다양한 사람을 만나면서 식견이 높아지면 발생 빈도가 높아진다고 일컬어집니다. 독서도 다양한 사람(저자)을 만나 사귀는 것입니다. 따라서 책을 많이 읽는 사람은 세렌디피티를 불러들이기가 훨씬 쉬워지지 않을까요?

독서를 하면 자기 내면에 서랍이 많이 생기고 문제의식이 싹틉니다. 요컨대 사고思考의 서가에 다양한 고리가 생기는 셈입니다. 고리가 없으면 그냥 지나쳐버릴 것도 고리가 있으면 남들과 똑같

은 것을 봐도 걸려들 테고, 그로부터 새로운 전개나 가능성이 열리기도 합니다.

예를 들어 평소에 역사서를 즐겨 읽는 사람이 거래처 담당자와 대화하는데 우연하게도 상대가 역사에 관심이 많아서 중세 역사에 관해 상세한 지식을 갖추고 있다는 걸 알았다, 그런 공통 관심사 덕분에 둘의 사이가 가까워져 새로운 일이 술술 풀려 나가게 되었다, 또는 농업에 관심이 많은 사람이 그와 관련된 책을 사다 공부하자 여러 가지 문제가 있다는 걸 알게 되었고, 그것을 어떻게 해결할까 하는 문제의식을 갖게 된다, 그리고 그 문제의식으로부터 농업에서 새로운 스타일의 비즈니스를 떠올린다……. 이런 일들은 책을 읽어두지 않으면 생겨나지 않을 세렌디피티입니다.

물론 자기 안에 여러 가지 서랍이나 문제의식이 있어도 행동이 동반되지 않으면, 모처럼 세렌디피티가 발생해도 활성화시키지 못하는 경우도 있습니다. 따라서 세렌디피티가 발생했을 때, 그에 적합한 행동을 취하는 것이 중요합니다. 책과의 우연한 만남은 현실에서 일어나는 행운의 만남을 늘 내포하고 있습니다.

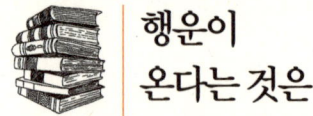 행운이
온다는 것은

　세렌디피티 이야기를 했으니 내친김에 운이나 행운이란 무엇인지에 관해서도 생각해보고 싶습니다.
　살다 보면 매일같이 '아, 운이 좋네' 혹은 '운이 나쁘네' 하고 느끼게 되는 자잘한 일들이 생깁니다. 출근길에 전철을 놓치고, 게다가 내가 탄 전철이 신호기 고장으로 멈춰버렸다, 하루를 시작하는데 그런 일이 생기면 기분이 우울해집니다. 그러면 운이 없다고 여겨지는 일들이 또다시 일어나곤 합니다. 반대로 남의 친절을 받는 등 좋은 일이 생기면, 오늘은 운이 좋은 하루라고 생각하게 됩니다. 그러면 잇달아 좋은 일들이 일어나곤 합니다.
　이런 경험은 누구에게나 있지 않을까요? 결국은 마음가짐에 따라 행운 역시 미묘하게 변한다는 것입니다. 이 세상은 신이 위에서 내려다보면서 저 녀석에게는 행운을 줄까, 벌을 줘서 행운을 거둬들일까…… 그렇게 선악에 상응하는 하늘의 보답으로 움직이는 곳이 아닙니다. 물론 복권에 당첨되어 거금을 거머쥐는, 우연이라고 할 수밖에 없는 일도 생깁니다. 그러나 복권에 당첨된 사람이 정말로 행복하냐 하면, 의외로 그렇지 않은 경우도 있습니다. 미국에서 거액의 복권에 당첨된 사람들을 추적 조사했더니, 가족이나 친구 관계가 나빠져서 결과적으로 예전보다 불행해진 경우가 꽤 많았다고 합니다. 복권에 당첨된 것은 행운이지만, 그 후 삶의 자세나 사고방식이 변해서 불행을 불러들인 것입니다.

다시 말해 운에는 '우연한 운'과 자기 삶의 태도나 노력에 따라 바뀌는 '우연이 아닌 운'이 있다고 생각합니다. 당연한 얘기이지만, 성실하게 일하고 부정한 발상을 하지 않고 다른 사람을 늘 배려하는 사람에게 행운의 여신은 미소를 짓겠죠. 물론 다양한 경험을 쌓거나 많은 책을 읽어서 인간이라는 존재를 깊이 아는 것도 그와 연관되어 있을 거라고 생각합니다. 그런 사람은 주위에서 높은 평가를 받고 신용도 얻습니다. 그로 인해 많은 기회가 주어집니다.

그러니 나는 '운이 없다', '재수가 나쁘다'고 자주 느끼는 사람은 세렌디피티가 찾아올 수 있도록 세렌serene(평온한)한 독서의 한 때를 가지면 좋을지 모릅니다.

슬럼프에 빠지는 사람

얼마 전, 한 젊은이가 상담을 요청했습니다. 그 사람은 명문 국립대학 법학과를 우수한 성적으로 졸업하고 사회인이 되었습니다. 이후 승진 시기가 다가왔는데, 자기가 상사에게 어떤 평가를 받고 있을지 자신이 없다고 말했습니다. 최고 엘리트라는 자부심을 품고 살아온 사람이 자기 생각만큼 주위에서 평가해주지 않는 현실과의 격차에 고민하는 것입니다.

학교 공부는 자신의 노력만으로 결과를 좌우할 수 있지만, 사회에 나가면 아무리 노력해도 뜻대로 풀리지 않습니다. 시험 점수를 잘 받는 사람이 취직한 후에도 업무에서 좋은 점수를 받는다고 단정할 수는 없습니다. 학교 공부를 잘했던 사람은 그것을 자주 착각하곤 합니다. 그래서 나는 이렇게 말했습니다.

"사회에 나가면 자네의 입장은 자네가 결정하는 게 아니야. 남이 결정해. 그러니 진인사대천명盡人事待天命의 마음가짐을 갖는 게 좋아."

회사든 관공서 같은 곳이든 조직이라는 곳은 본인이 생각하는 이상으로 그 사람을 바르게 판단하고 있습니다. 특정한 상사에게 편애를 받거나 미움을 살 수도 있지만, 그런 건 계속되지 않습니다. 상사가 이동하거나 그 사람 본인이 다른 부서로 옮겨가서 직장 내 인간관계는 끊임없이 변화합니다. 그러다 보면 평가는 평균화되고, 현실과 거의 일치하게 됩니다.

예를 들어 자기에 대한 평가가 130점인 사람이 있습니다. 상사를 비롯해 같은 직장 사람들이 각자 다른 평가를 내리겠지만, 그렇다고 해도 60~80점 폭으로 정리되곤 합니다. 그런 타인의 평가 수준은 설령 다른 회사에 가더라도 크게 달라지지 않습니다.

가끔 "최근에 슬럼프인데, 어떻게 하면 좋을까요?"라는 질문을 받는데, 그런 사람도 자기에 대한 평가가 높다고 생각합니다. 원래 별로 대단치 않은 실력인데, 자기 채점이 너무 후해서 사소한 일에도 상태가 안 좋은 기분에 젖어듭니다. 상태가 안 좋아서 시원치 않을 때가 자기의 본래 실력이라고 생각하면, 슬럼프 같은 데에 빠질 리가 없습니다.

프로야구의 어느 베테랑 감독이 "슬럼프는 그저 실력이 없을 뿐"이라고 말했는데, 정말 옳은 말이라고 생각합니다. 나는 지금까지 슬럼프라는 걸 느낀 적이 단 한 번도 없었습니다. 꼬리에 꼬리를 무는 업무를 처리하다 보니 슬럼프를 느낄 여유조차 없을 만큼 바빴던 것 같습니다.

어쨌든 인간은 벽에 부딪혔을 때 비로소 그 사람의 그릇이 얼마나 큰지 확연히 알 수 있습니다. 평소에는 위세 좋은 말을 해도 실제로는 그릇이 작은 인간이었구나, 자기 생각만 하는 이기주의자구나 등 여러 가지 면이 눈에 들어옵니다.

위기가 닥쳤을 때, 여유가 있느냐 없느냐가 중요합니다. 어딘지 모르게 여유가 있는 사람과 없는 사람은 벽에 대한 마음가짐도, 극복하는 방법도 달라지게 마련입니다. 여유가 있는 사람은 벽에 부딪힌 자기 모습을 객관적으로 볼 수 있을 테고, 무엇이 문제이고 그 원인은 뭔지 파악할 수 있습니다. 그리고 책에서 얻은 지혜가 불현듯 되살아나기도 합니다.

물론 책을 많이 읽은 사람이 그렇지 않은 사람보다 벽을 쉽게 넘는다는 단순한 얘기는 아닙니다. 똑같이 극복하더라도 힘에 대한 견해나 사용하는 에너지가 어딘지 모르게 달라질 게 틀림없습니다.

벽에 부딪혀도 포기하지 않고 어쨌든 최선을 다합니다. 그러면 벽에는 반드시 구멍이 뚫립니다. 벽을 넘어서면, 그 경험이 나중에 되살아납니다. 벽에 부딪혔을 때 배우는 것은 적지 않습니다. 그러니 벽에 부딪히면 절호의 기회라고 받아들여야 합니다.

나는 프로야구 요미우리 자이언츠의 감독으로 V9(9년 연속 센트럴리그 우승, 일본시리즈 우승 – 옮긴이)을 달성한 가와카미 데쓰하루 씨(1920~2013)와 생전에 친하게 지내서 몇 번인가 술잔을 주고받은 적이 있습니다. 가와카미 씨와 만나게 된 계기는 졸저 『사람은 일로 단련된다』를 읽은 가와카미 씨가 "큰 감동을 받았습니다. 한번 만나보고 싶습니다"라고 연락해와서 오사다 하루 씨(1940~)의 외다리 타법을 지도했던 아라카와 히로시 씨(1930~2016)와 환담을 나눈 게 처음이었습니다.

나도 가와카미 씨가 쓴 『유언』을 읽고 바람직한 조직과 인재 육성 방법에 관해 배운 게 많았는데, 본인의 입으로 직접 듣는 인생 철학은 책 이상으로 흥미진진한 내용이었습니다.

"프로라면 피곤하다는 말을 해서는 안 됩니다. 진정한 프로는 더 이상 못하겠다는 말도 하지 말아야 합니다. 더 이상 할 수 없는 단계를 넘어서서 무아지경에 이르는 것. 그 수준까지 도달하는 게 프로입니다."

그 말을 들었을 때, 과연 그렇게까지 했으니 '공이 멈춘 것처럼 보이는' 감각을 터득했겠구나 싶었습니다. 가와카미 씨가 다마 강 운동장에서 주위 사람들이 걱정할 정도로 과격한 타격 연습을 몇 시간 동안 계속했더니 고속으로 날아오는 공이 정지된 것처럼 보였다고 합니다. 그것이 바로 '공이 멈춘 것처럼 보였다'는 유명한 일화입니다.

정말 대단한 노력입니다. 그 정도로 노력하면 이 세상에 넘지 못할 벽은 별로 없을 것 같다는 생각이 듭니다. 가와카미 씨에게 벽이란 자기를 최고 경지로 높여주는 고마운 존재였음에 틀림없습니다.

책은 '사람 보는 눈'을 길러준다

나는 처음 대면하는 사람을 보면, 대체로 어떤 인물인지 짐작됩니다. 그것이 진정한 본래 모습인지 아닌지는 제쳐두고 눈빛이나 말하는 모습, 짧은 대화 내용, 사소한 행동, 버릇 등을 뇌가 감지하는 것 같습니다. 직감이나 첫눈에 반한다는 말도 있는데, 인간을 총체적으로 파악하는 첫인상은 의외로 무섭습니다.

사람을 보는 이런 안목은 경영자로 일했기 때문에 생긴 게 아니라 '인간이란 무엇인가?'라는 의문에 궁극적인 관심을 품고 살아온 태도가 강한 영향을 미쳤을지 모릅니다. 인간이라는 존재를 일이나 책을 통해 알고자 하는 태도가 남들보다 두 배로 강렬했기에 사람을 보는 안목이 조금이나마 생겼을 겁니다.

체험만 하며 살아온 사람이 타인을 보는 안목의 수준이 '5'라고 가정합시다. 그런데 그 사람이 체험뿐 아니라 책도 계속 읽어 왔다면, 그 수준은 두 배 가까이 높아집니다. 그 정도로 독서는 사람을 보는 안목을 키워줍니다.

상대가 평소에 책을 읽는지 안 읽는지도 바로 알 수 있습니다. 독서가인 사람은 논리적으로 사고하고, 이야기할 때 정리된 어휘를 씁니다. 이 사람은 평소에 책을 읽지 않는다고 여겨지는 사람과 비교하면, 커뮤니케이션의 신뢰감도 다릅니다. 사소한 행동에서 인간적인 폭과 여유가 느껴집니다.

신입사원을 보고, '이 친구는 쓸 만하겠어'라고 판단한 사람은 거의 부장 직급 이상으로 출세하는 경우가 많았습니다. 반대로 명문 대학을 우수한 성적으로 졸업하고 들어온 직원이라도 '이 사람은 좀……'이라고 느낀 사람은 안타깝지만 좋은 결과가 나오지 않은 경우가 많았습니다.

학력이 높아도 성장하지 못하는 사람은 프라이드가 강해서 '난 훌륭해'라고 생각하는 유형이 상당히 많습니다. 자기평가가 너무 높기 때문에 '왜 이런 일을 나한테 시키는 거야'라는 마음에 상사와 알력이 생기거나 잡무 같은 일은 소홀히 대합니다. 그런 업무 태도에서 신뢰를 잃고, 상사가 되더라도 인망을 쌓지 못합니다.

학교 성적은 우수하지 않았더라도 눈빛에 힘이 있고 상식에 얽

매여 있지 않다, 언뜻 어설퍼 보이지만 호되게 야단쳐도 기죽지 않고 꾸준히 노력한다, 이런 유형은 성장하는 경우가 많습니다.

모든 사람을 유형화할 수는 없지만, 대략적인 경향은 몇 가지 특징으로 알 수 있습니다. 물론 개중에는 좋은 쪽으로도 나쁜 쪽으로도 변할 수 있으니 첫인상만으로 100센트 결정을 내릴 수는 없습니다.

나는 같이 일하는 동료나 마음을 터놓은 거래처 사람을 100퍼센트 신뢰합니다. 가령 업무 능력이 조금 부족해 보이더라도 신뢰합니다. 언어나 문화가 다른 외국인이라도 신뢰합니다. 경우에 따라 100퍼센트가 아니라 어떤 분야에만 50퍼센트 정도 신뢰하고 일을 맡기기도 하지만, 같이 일하는 한 신뢰가 가장 중요합니다. 늘 그런 자세로 사람을 대해서인지, 내가 기억하는 한 지금까지 배신당하거나 속은 적은 거의 없었습니다.

상대에게 거짓말을 하면서 상대를 신용할 수는 없습니다. 내가 신용하면 상대도 나를 신용해줍니다. 내가 신용하지 않으면, 상대도 나를 신용하지 않겠죠. 서로 신용하지 않으면, 반드시 거짓이나 속임수가 생겨납니다. 그것이 원인이 되어 문제가 생기기도 하는 겁니다.

딸이 결혼하겠다고 했을 때, 나는 이렇게 말해주었습니다.

"네가 이 사람이다 생각하는 상대라면 누구라도 상관없다. 자기 인생은 자기가 책임지고 결정하는 것이다. 100퍼센트 신뢰한다."

딸은 그야말로 아내에게 쩔쩔맬 것 같은 남자와 결혼했는데, 나는 일절 아무 말도 하지 않았습니다. 한번 마음을 주고 신뢰한 상대에게는 철저하게 맡긴다, 업무에서나 사생활에서나 인간관계에서는 이런 자세가 매우 중요합니다.

분노와 사귀는 법

스트레스가 많은 사회라서인지 '분노'를 어떻게 조절하느냐는 주제로 꽤 많은 책이 팔린다고 합니다. '앵거 매니지먼트'라는 제목을 붙인 세미나도 유행한다고 들었습니다. 그러나 분노는 무리하게 억누르거나 조절하지 않는 게 좋습니다. 분노는 어느 정도 잘 발산시켜야 정신 건강에 도움이 되기 때문입니다.

다만, 분노에도 자기에게 원인이 있어서 화가 난 경우와 명백하게 상대에게 문제가 있어서 화가 난 경우가 있습니다. 자신에게 스트레스가 쌓였거나 어떤 문제를 떠안고 있어서 시름을 풀듯이 화내는 것은 물론 좋지 않습니다. 그런 유형의 분노는 주위 사람에게 피해를 줄 뿐입니다. 이런 경우에는 분노를 조절하기 전에 자신을 객관적으로 바라보아야 합니다. 만약 이런 사람이 가까이 있다면, 휩쓸리지 않도록 거리를 두는 게 최선입니다. 제멋대로인 이런 분노가 늘어나는 경향도 있어서 요즘에 분노가 심각한 주제가 되었는지도 모릅니다.

그렇다면 상대에게 문제가 있어서 분노를 느끼는 경우는 어떠한가? 그럴 때는 어느 정도 화를 내도 좋다고 생각합니다. 자연 생태계의 생물은 공격당하면 화를 냅니다. 화를 내며 상대에게 반격하거나 자기를 지켜내지 못하면 죽고 맙니다. 이처럼 분노는 본능적인 것이며, 생명을 존속시키기 위해 필요한 것입니다.

그와 마찬가지로 인간의 분노에도 본능에 뿌리를 둔 것이 있습니다. 본능적인 분노를 무리하게 억누르려 들면, 더욱더 증폭되거나 마그마처럼 쌓이고 쌓여 다른 형태로 표출되는 경우가 있으므로 조심해야 합니다.

내가 입사한 지 2년째였을 무렵에 이런 일이 있었습니다. 나보다 1년 늦게 들어온 신입사원을 직속 상사가 집요하게 괴롭히는 장면을 목격했습니다. 상사는 무슨 불평불만이라도 쌓였는지 그 사원을 자주 고압적으로 지도하곤 했습니다.

"몇 번을 말해야 알아들어! 이렇게 간단한 걸 계속 틀리고……."

얼굴이 시퍼렇게 질린 신입사원은 안쓰러울 정도로 위축되어 하염없이 사과만 했습니다. 그런데도 상사는 장황하게 실수를 언급하며 계속 퍼부어댔습니다. 쥐 죽은 듯이 가라앉은 사무실에 히스테릭한 상사의 목소리만 울려 퍼졌습니다. 그때뿐만이 아니고, 그 신입사원이 "죄송합니다"라고 아무리 사과해도 간단히 용서하지 않을 때가 정말 많았습니다.

그때 옆에서 보고 있던 나는 그 광경을 더 이상 참을 수가 없어서 무심코 의자를 걷어차며 "대체 언제 그만둘 거야, 그만 좀 하지"라고 고함쳤습니다.

"야, 너, 적당히 좀 해! 본인이 충분히 사과하고 반성하고 있잖아!"

강한 자에게 꼬리를 흔들며 비열해지는 것도 싫고, 강한 자가 약한 자를 괴롭히는 것도 용서하기 힘들었습니다. 그런 마음이 강했던 나는 설령 그가 상사라도 그냥 지나칠 수가 없었습니다. 나중에 나를 불러들인 과장이 "상대는 상사니까 아무리 화가 나도 '너'라고 하면 안 되지"라고 타일렀습니다. 그런데 나는 "말은 조심해야겠지만, 그런 태도는 도저히 봐줄 수가 없습니다"라며 끝까지 물러서지 않았습니다.

지금 와서 생각하면 건방지기 이를 데 없는 행동이라 그저 부끄러울 뿐입니다. 그 일로 그 상사는 신입사원 지도 담당에서 제외되었고, 아량 있는 상사로 교체되어 결과적으로는 오히려 잘되었습니다.

이처럼 나는 부조리한 일에 분노를 느끼면, 그 감정을 억누르지 않고 대체로 밖으로 표출해버립니다. 때로는 앞에서 얘기한 일화처럼 지나친 말이 튀어나오는 경우도 있습니다. 화를 내놓고 나중에 후회해봤자 소용없는 일이지만, 지금 와서 돌이켜보니 '넌 또 뭐가 그리 잘나서 떠느냐' 하며 지켜보았을 직원들을 생각하면 부끄럽기 짝이 없습니다. 이외에도 비슷한 일화가 몇 가지 더 있는데, 이토추 상사가 관료적인 회사였다면 나는 진즉에 잘렸을지 모릅니다.

분노를 드러내고 싶어도 드러내지 못할 때는 몸을 움직이는 방법이 최고입니다. 30분 정도 달리고 나면, 그런 감정이 어리석게 느껴지기도 합니다. 강렬한 분노에 사로잡혔을 때, 그것이 나 자신에게 문제가 있는 것이라면 조절해야 마땅하지만, 그렇지 않은 경우에는 섣불리 매니지먼트하지 않는 게 낫습니다. 무리하게 억누르면 오히려 분노를 더 부채질하는 꼴이 될 수도 있습니다. 그보다는 얼마나 잘 발산시킬 것인가, 그 방법을 궁리하는 편이 좋습니다.

죽음을 어떻게 받아들일 것인가?

죽음은 인간에게 궁극적인 수수께끼입니다. 누구도 죽음은 체험할 수 없습니다. 체험할 수 없기 때문에 죽음은 이런 것이라고 올바르게 정의할 수도 없습니다. 죽음이라는 주제와 관련된 책은 어마어마하게 많습니다. 그러나 아무리 깊은 통찰력을 갖춘 과학자나 철학자라도 죽음이란 이런 것이 아닐까 추측하는 정도에 그칠 수밖에 없습니다. 요컨대 죽음에 관해 쓴 책을 아무리 많이 읽어도 죽음은 여전히 수수께끼로 남습니다.

갓 태어난 아기가 죽음을 생각하는 일은 없겠지만, 인간은 나이가 들고 죽음이 가까워지면 저절로 그 생각을 하게 됩니다. 그래봐야 아무 소용없지만, 그런데도 이런저런 생각을 하게 됩니다. 생명이 있는 존재는 반드시 죽게 마련인데, 인간은 무심코 이런저런 쓸데없는 생각을 하고 맙니다.

젊은 시절에는 죽음에 관해 고찰한 책을 몇 권쯤 읽었는데, 어느 정도 나이가 든 후로는 그런 책을 읽지 않습니다. 일 때문에 계속 바쁘기도 했지만, 내 나름의 생사관生死觀을 갖게 되어 굳이 그런 책을 읽을 필요가 없어졌습니다.

의료 기술이 고도로 발달한 지금은 자기 집 안방에서 죽음을 맞는 경우가 줄어들었습니다. 대부분의 사람들은 병원 침대에서 죽습니다. 다시 말해 예전에는 일상 속 신변 가까이 있었던 죽음이 지금은 격리된 병실 안에 있는 것입니다. 죽음을 비일상적인 공간에서 맞게 되면서 현대인에게 죽음은 한층 더 불안과 공포의 대상이 되었습니다. 죽음은 생명을 가진 존재의 자연적인 현상인데, 그것을 자연스럽게 받아들이기가 힘들어졌기 때문입니다.

나는 앞으로 몇 년 후면 수명을 다합니다. 앞으로 죽을 때까지 책을 몇 권이나 더 읽을 수 있을까, 식사는 몇 번이나 더 할 수 있을까, 최근에는 불현듯 그런 생각에 잠기곤 합니다. 죽음을 구체적인 감각으로 받아들이는 느낌입니다.

어차피 죽을 바에는 고통받지 않고 편안하게 죽고 싶습니다. 얼마 전에 각본가 하시다 스가코 씨가 터미널케어(말기 암 같은 치유 가능성이 없는 환자를 돕는 일 - 옮긴이)를 받을 바에는 차라리 안락사를 선택하겠다고 해서 화제가 되었습니다. 그 반향으로 〈문예춘추〉에서 안락사를 주제로 여러 지식인을 인터뷰해 기사를 실었습니다. 그 기획에서 나도 취재 대상이 되었습니다.

설문 조사는 '안락사 찬성', '존엄사만 찬성', '안락사·존엄사 모두 반대'라는 세 가지 선택지에서 고르는 것이었습니다. 나는 '안락사 찬성'을 골랐습니다.

안락사와 존엄사의 공통점은 '불치의 병에 걸린 말기 환자'가 '본인 의사로 죽음을 선택한다'는 점입니다. 그러나 존엄사는 연명 조치를 중단하고 자연사를 기다리는 반면, 안락사는 여러 가지 조건이 있지만 약물 등으로 의료 종사자가 종말을 앞당긴다는 점이 다릅니다.

일본존엄사협회가 안락사를 인정하지 않듯이, 안락사와 존엄사를 받아들이는 방식도 사람에 따라 상당한 온도 차가 있습니다. 나는 복수의 전문가로부터 '치료 가능성이 없고 고통이 계속된다'는 판단을 받은 경우라면, 죽음을 선택해도 딱히 상관없다고 생각합니다. 이것은 자살과 다릅니다. 나는 거리낌 없이, 아무런 후회 없이 죽고 싶습니다. 치매라도 걸리면 후회나 부끄러움을 모르겠지만, 가능하다면 아무런 걱정 없이 태평하게 저세상으로 떠나고 싶습니다.

예전에 미국에 주재할 때, 죽음에서 환생한 200명 정도 되는 사람에게 사후 세계에 관해 인터뷰한 내용을 엮은 『사후의 삶 Life After Life』라는 책을 우연히 발견하고 읽은 적이 있습니다. 관에 넣고 못질을 하는데 숨결이 되살아났거나 병원에서 임종을 선언했는데 다시 살아난 사람들에게 들은 이야기를 모아놓은 책이었습니다.

병실 침대에 누워 있는 자기를 천장에서 내려다보았다, 앞서 세상을 떠난 가족이 강 저편에서 불렀지만 자기는 아름다운 꽃밭 속에 있었고 결국은 그 강을 건너지 않았다, 구름 위에 편안하고 기분 좋게 앉아 있었다……. 하나같이 지옥에서 고통받는 이야기는 없었고, 온화하고 평화로운 체험만 언급되어 있었습니다. 그런 걸 보면 사후 세계로 향할 때는 모두 마음이 편안해지는지도 모르겠습니다.

이런 체험담은 어쩌면 실수로 죽었다고 판정받은 사람들의 뇌가 만들어낸 환영이라고도 해석할 수 있습니다. 설령 그렇더라도 생명의 등불이 꺼지지 직전인 아슬아슬한 상태에서 직감된 죽음의 이미지는 어딘지 모르게 진실을 동반하고 있는 것 같다는 기분도 듭니다.

죽기 직전까지 괴로워했던 사람이라도 죽은 뒤의 얼굴은 편안해 보입니다. 실제로 죽을 때는 모두 마음이 편안해지는지도 모르겠습니다. 그렇다면 죽음을 그리 두려워하지 않아도 된다는 생각이 듭니다.

독서는 마음을 자유롭게 한다

예전에는 'KY'(공기를 못 읽는다, 즉 분위기 파악을 못한다는 의미의 일본어 첫 소리 - 옮긴이), 지금은 '촌탁忖度'(남의 마음을 미루어 헤아린다는 뜻 - 옮긴이)'이라는 말이 유행하고 있습니다. 일본인은 조화를 중시하기 때문에 주변 사람들의 얼굴색을 살피며 분위기를 읽는 것이 어떤 의미에서는 예의이고, 예로부터 전해오는 관습일 겁니다.

베스트셀러처럼 반짝 유행했다 사라지는 것들이 자주 나타나는 현상도 주변 공기가 신경 쓰여 견딜 수 없기 때문일 겁니다. 내가 베스트셀러를 읽지 않는 것은 그 책이 잘 팔린다고 많은 독자에게 좋은 내용이라는 보증도 없을 뿐만 아니라 잘 팔린다는 공기가 저절로 팽창해 베스트셀러가 되기도 하기 때문입니다.

공기를 읽는 자체는 나쁘지 않습니다. 그 자리에 맞는 공기를 읽고, 그에 맞게 대응하는 것은 당연합니다. 그러나 주변에 감도는 공기에 지나치게 조심스러워서 하고 싶은 말을 참고, 주장해야 할 것을 주장하지 않는다면, 그것은 공기를 지나치게 읽은 탓이라고 생각합니다. 나를 굽히면서까지 주위에 동조할 필요는 없습니다.

최근 일본 정치는 권력을 쥔 사람이 자기들 좋을 대로 시스템과 나라의 행방을 좌우하려는 경향이 잇달아 눈에 띕니다. 그런 위험한 공기가 감도는데도 깊은 생각 없이 현상에 휩쓸려 어영부영 살아가는 사람이 더 많은 건 아닐까요?

아무런 의문도 이론도 제기하지 않고, 주위의 공기를 읽고 현상에 만족하며 산다면, 그것은 스페인 철학자 오르테가 이 가세트(1883~1955)가 『대중의 반역』에서 기술했던 야만성과 원시성으로 가득한 중우衆愚가 될 뿐입니다.

독일의 정치학자 엘리사베스 노엘레 노이만(1916~2010)은 『침묵의 나선 이론』에서 다수파에 눌려 소수파가 의견을 말하기 어려워져, 여론이 형성되는 과정을 제시했습니다. 일본인은 늘 확고한 자신의 중심축 없이, 눈치 빠르게 공기를 읽어서 다수파에 편승하는 '침묵의 나선'을 그리고 있는 것 같습니다.

사내 회의 같은 자리에서는 모두 다 공기를 읽습니다. 공기를 읽고 왠지 통과될 것 같은 의견에 무난하게 따르려 하는 사람, 이쪽 방향으로 흘러갈 것 같지만 그것에 반대하니까 확실하게 자기 의견을 밝히는 사람, 다수가 동조해줄 거라고 내다보고 어떤 말을 꺼내는 사람······. 그런 와중에 생겨난 공기에 적극 찬성하는 사람이 20퍼센트, 반대하는 사람이 10퍼센트, 나머지 70퍼센트는 별다른 찬성 의견도 반대 의견도 없이 주위의 동향에 따릅니다. 회의에 참석한 사람들은 그 정도의 비율로 구성되는지도 모릅니다.

늘 주위의 공기를 읽고 부화뇌동하는 사람은 자신의 중심축이 없기 때문일 겁니다. 평소에 다양한 책을 폭넓게 읽고, 일과 진지하게 마주하는 사람은 자기 생각이나 신념을 갖고 있기 때문에 안이하게 주변 공기에 휩쓸리지 않을 겁니다.

독서는 마음을 자유롭게 해줍니다. 독서를 통해 자기 생각이 가다듬어지고, 중심축이 생기면 주변 공기를 중심으로 생각하거나 행동하는 일은 분명히 없어질 겁니다. 세간의 상식이나 공기에 얽매이지 않는 진정한 자유를 독서가 길러주는 셈입니다.

일부러 공기를 읽지 않는 자세도 때로는 필요합니다. 읽고 싶으면 읽어도 되겠지만, 읽었어도 거기에 동조하고 싶지 않을 때는 그렇게 합니다. 주변 공기를 어떻게 다루느냐, 어떻게 읽느냐,

어떻게 대응하느냐……. 그때그때 자기의 마음, 양심에 따라 유연하게 생각하고 행동하는 힘을 갖는 것이 '동물의 피'에서 완전히 벗어날 수 없는 인간이 가질 수 있는 최대의 행복이 아닐까요?

물질적인 풍부함이 아니라 자유로운 마음을 갖는 것이야말로 인간의 가장 확실하고 유일한 증거라고 생각합니다.

맺음말

나는 직장에서 은퇴한 뒤 충분한 시간을 갖고 여유롭게 읽어야겠다고 오랫동안 생각해온 책을 책장에 남겨두었습니다. 완결까지 27년간의 세월이 필요했던, 총 42권의 '대항해시대 총서' 25권입니다. 이 책들은 15세기 말부터 17세기 초 대항해시대, 유럽인이 미지의 땅을 찾아 배로 전 세계를 탐색한 기록인데 콜럼버스나 바스코 다 가마, 마젤란의 항해 기록, 동방제국기, 잉카 황통기皇統記, 멕시코 정복기, 일본왕국기日本王国記 등 당시의 항해기, 탐색기, 견문록, 민족지가 거의 다 망라되어 있습니다.

새로운 문물과 토지를 찾아나선 유럽인들의 거듭된 모험은 물론이고 처음으로 현지인을 만났을 때 어떤 마음으로 무슨 생각을 했는가, 그들과 어떻게 대화를 시도하고 어떻게 융화했는가 등에 관한 실로 다양한 내용을 담고 있습니다. 그 당시의 살아 있는 기록은 매우 흥미롭습니다.

이따금 읽고 싶어서 페이지를 팔랑팔랑 넘겨보지만, 그 정도의 책을 일 때문에 경황이 없는 짬짬이 읽기는 아깝다는 생각이 듭니다. 언젠가 일에서 해방되어 시간이 넉넉해지면 느긋하게 앉아 읽고 싶지만, 소중한 와인을 마지막까지 마시지 못하는 것처럼 이 책도 결국 읽지 못하고 끝나버리는 건 아닌가 하는 생각에 내심 초조해지기도 합니다.

나는 앞으로 몇 년이면 내 수명을 다합니다. 아무래도 이 나이가 되고 보니 나의 마지막 순간을 상상하게 됩니다. 어차피 죽을 바에는 편안하게 죽고 싶습니다. 좋아하는 책에 푹 빠져 있는 순간에 홀연히 죽음을 맞는 것도 나쁘지 않겠죠.

오늘도 나는 그런 하잘것없는 생각을 문득 떠올리면서 인간의 증거인 '자유로운 마음'을 찾아 눈으로는 책의 글자를 좇고 손가락으로는 책장을 넘깁니다. 그러다 싫증이 나면 아직 보지 못한 세계로 나아갈 수 있도록 새 책과의 만남을 찾아나갑니다. 이것은 분명 내가 죽을 때까지 매일 반복될 겁니다. 그런 내가 인생 최후의 순간에 보는 풍경은 역시나 책에 인쇄된 글자, 그리고 그것을 매개로 상상되는 미지의 세계일지 모릅니다.

끝으로 이 책은 다카키 마사아키 씨, 요쓰모토 교코 씨의 격려와 열정 없이는 완성되지 못했을 겁니다. 진심으로 감사드립니다.

2017년 7월

니와 우이치로

옮긴이의 말

 책은 약과 같다. 잘 읽으면 어리석음을 치료한다. 중국 전한前漢 시대의 학자 유향劉向의 말이다.『죽을 때까지 책읽기』의 저자 니와 우이치로의 표현은 좀 더 직접적이다. 인간은 본래 동물이므로 우리에게는 '동물의 피'가 내재되어 있다. 그것을 억제하는 힘은 '이성의 피'이며, 그 피를 짙게 하는 가장 효율적인 방법은 책읽기라고 한다. 인류의 역사를 되짚어보더라도 문명의 시기는 지극히 짧다. 인간을 보다 인간답게 해주는 정신적 활동의 중요성은 절대 간과할 수 없을 것이다.

 단, 책읽기는 '당위'가 아닌 '자유'의 영역에서 받아들여야 한다. 강요가 아닌 자발적 동기가 밑바탕이 되었을 때, 지속 가능하고 의미 있는 결과를 낳을 수 있기 때문이다. 니와 우이치로는 일본 재계에서 큰 성공을 거둬 사회적으로 명망이 높고, 애독가로도 널리 알려진 인물이다. 이 책은 그런 그가 자기 삶에서 책이 어떤 역할을 해왔는지를 독서의 이유와 효과, 인생론과 가치관, 처세술과 독서론 등 다양한 측면에서 엮어낸 내용이다.

먼저 책은 우리를 자유로운 세상으로 이끌어주는 '나침반'이다. 신뢰성이 떨어지는 과다한 정보가 넘쳐나는 세상에서는 자기 머리로 생각하고 판단하는 감식안이 매우 중요하다. 다양한 선택을 허락하는 현대사회는 언뜻 자유로워 보이지만, 단단한 중심축이 없는 이에게는 오히려 제한된 운신의 폭과 끝없는 방황을 의미하기 때문이다.

그리고 책은 우리를 편협함에서 벗어나게 해준다. 편견에 휩싸인 단편적인 시각은 상당히 위험한데, 실제로 인간은 성인이 된 이후 거의 변하지 않는다고 해도 좋을 정도로 완고해지기 쉬운 존재다. 그만큼 나이를 먹을수록 변화의 계기를 접하기 어렵다는 뜻이기도 하다. 그런데 책을 통한 꾸준한 자기반성의 노력은 세상사를 열린 마음으로 유연하게 대처하도록 해주며, 세간의 상식이나 분위기에 얽매이거나 휩쓸리지 않는 '진정한 자유'를 가져다준다.

책을 읽는 행위는 단순한 문자 판독에 그치지 않는다. 독서는 저자와 독자의 간접적인 만남이며, 책을 매개로 한 의사소통이다. 독자는 저자의 경험과 지식, 정서, 느낌 등을 표현한 작품을 자기 나름의 가치관과 세계관, 배경지식을 총동원하여 받아들인다. 언뜻 보기에는 정적이지만, 매우 적극적이고 능동적인 소통인 셈이다. 그리고 그 소통은 시공간을 초월한 무궁무진한 세계로 우리를 안내해주는 장점까지 갖췄다. 그 어떤 매체보다 광범위하고 깊이 있는 소통을 가능케 해주는 것이다.

저자는 이 책에서 인간에게 가장 중요한 덕목으로 자신의 무지에 대한 자각과, 상대의 입장에서 매사를 생각하는 태도를 꼽았다. 책을 읽으면 지식이 늘어나고 세상을 얼마쯤 알게 된 듯한 기분이 들지만, 그와 동시에 아직 모르는 부분이 너무 많음을 깨닫게 된다. 그런 무지의 자각은 사람을 겸허하게 만들고, 겸허는 모든 것에서 배우려는 자세를 만들어주므로 깊이 생각하고 보다 나은 인간관계를 형성하게 해준다.

과연 유한한 운명을 타고난 인간의 폭을 넓혀주는 최고의 방법은 책읽기라는 주장에 절로 고개가 끄덕여진다. 우리는 폭이 넓어질수록 자유로워지고, 자유로운 인간에게는 힘이 있다. 저자의 말대로 인간의 가장 확실하고 유일한 증거는 물질적인 풍요가 아니라 자유로운 마음에서 비롯된다. 나는 과연 그 증거를 얼마나 갖추고 있고, 꾸준히 추구하고 있는지 새삼 반성하는 소중한 기회였다.

죽을 때까지 책읽기

초판 1쇄 발행 | 2018년 5월 30일
초판 3쇄 발행 | 2019년 3월 20일

지은이 | 니와 우이치로
옮긴이 | 이영미
펴낸이 | 박남숙

펴낸곳 | 소소의책
출판등록 | 2017년 5월 10일 제2017-000117호
주소 | 03961 서울특별시 마포구 방울내로9길 24 301호(망원동)
전화 | 02-324-7488
팩스 | 02-324-7489
이메일 | sosopub@sosokorea.com

ISBN 979-11-88941-04-9 03190
책값은 뒤표지에 있습니다.

- 이 책 내용의 일부 또는 전부를 재사용하려면 반드시 (주)소소의 동의를 얻어야 합니다.
- 잘못 만들어진 책은 구입하신 서점에서 교환해드립니다.

이 도서의 국립중앙도서관 출판예정도서목록(CIP)은 서지정보유통지원시스템 홈페이지(http://seoji.nl.go.kr)와 국가자료공동목록시스템(http://www.nl.go.kr/kolisnet)에서 이용하실 수 있습니다. (CIP제어번호 : CIP2018014665)

- 이 책의 저자 인세는 저자의 의사에 따라 한·중·일 우호를 위해 전액 기부됩니다.